Christa Schneider
Von der inneren Heilkraft des Vergebens

Christa Schneider

Von der inneren Heilkraft des Vergebens

Durch Verzeihen und Versöhnen sein Herz befreien

Mit Meditationen und praktischen Übungen

Ansata-Verlag

Deutsche Erstausgabe:
Copyright © 1996 by Ansata-Verlag, Interlaken
Alle Rechte vorbehalten
Lektorat: Erich Wilzbach
Abbildungen: Gottfried Schneider
Umschlagbild: Robert Wicki
Gesamtherstellung: Kösel, Kempten

ISBN 3-7157-0200-1

Inhalt

Vorwort 9

1. Verzeihen öffnet neue Wege 13
2. Wahrnehmen – Annehmen 19
3. Zufall oder Sinn? 27
4. Illusionen verschleiern die Wirklichkeit 33
5. Konflikte und Gefühle 43
6. Himmel kann auch ein Zustand sein 52
7. Fragen an die geistigen Meister 57
   Häuptling Weißer Wolf 59
   K. D. S., hoher tibetischer Lama und geistiges Oberhaupt . . . 63
   Jeromolus, 11. Jahrhundert, aus Italien 68
   Hazrat Inayat Khan, Sufimeister 73
   Rabbi Israel aus Kosnitz 76
   V., indischer Erleuchteter und Philosoph 80
   K., indischer Philosoph und Weiser 85
   P. Y., indischer Heiliger 89
   R. M., großer Heiliger und Weiser aus Südindien 91
   Mutter K., indische Heilige 94
   C. T., bekannter tibetischer Meister 97

8. Ursache und Wirkung 101
9. Mitgefühl erweckt Verständnis 107
10. Licht und Schatten 113

11. Denken gestaltet 119

12. Medien und ihre Arbeit 123

13. Gott ist in Seiner Schöpfung anwesend 129

14. Die drei Hirne des Menschen 136

15. Menschen sind Geistwesen 139

16. Konflikt und Frieden 145

17. Groll wirkt wie Gift 151

18. Vergessen lernen 156

19. Hilfe zur Selbsthilfe 163

20. Echtsein heißt, die Wahrheit zu leben 169

Über die Autorin 173

Über den Maler 174

Meinem Mann Gabriel
in Liebe und Dankbarkeit
gewidmet

Vorwort

Es ist Ende Dezember 1995. Mein Mann und ich sind für zwei Wochen auf die Kanarischen Inseln gefahren. Nicht so sehr, um dem alljährlich einsetzenden Weihnachtsrummel zu entgehen, sondern eher dem Nebel, der klammen, feuchten Kälte und dem erwarteten Glatteis. Zum Heiligabend wollen wir wieder zurück sein. Wir wollen zwei Wochen Urlaub machen, entspannen, sonnen, Energie auftanken.

Ich nehme wahr, wie ich einen Sonnenaufgang erlebe und in Gedanken meine Patienten und viele Menschen, die mir lieb sind, daran teilhaben lassen möchte. Dieses Sichvergessen in den Farben, die den Himmel vor dem Sonnenaufgang in unglaubliche Pracht hüllen. Das Meer, das alle diese Farben widerspiegelt und mal sanft, mal wild, aber jeden Tag neu, sein Wesen zum Ausdruck bringt. Leben mit der Natur läßt vieles so einfach werden. Man ist mit sich im Einklang, «versöhnt mit der ganzen Welt». Dieses Buch hat das Grundthema «Versöhnen und Verzeihen» – sich und anderen verzeihen können.

Ich erlebe immer wieder in der Praxis, daß es ein ganz zentrales Anliegen ist, ob Menschen ihr Leben meistern und gestalten können oder sich anpassen und anderen die Führung überlassen. Wer sich anpaßt, läuft Gefahr, manipuliert zu werden.

Wenn ein Mensch das Gefühl hat, manipuliert zu werden, wächst Groll, und Verletzungen werden möglich. Hinter den vorgebrachten Gründen für eine Beratung oder Therapie stehen meistens Ursachen, die mit psychischen oder physischen

Verletzungen oder Mißbrauch zu tun haben, mit Nicht-verzei-
hen-Können, mit Selbstvorwürfen, die zu Autoaggressionen
führen.

Die Aggressionen, die durch die Verletzungen hätten frei-
gesetzt werden sollen, sind zu oft nach innen gerichtet. Autoaggressionen und daraus resultierende somatische Erkrankun-
gen können Zeichen von Haß und Groll sein. Insofern ist es
mir ein sehr wichtiges Anliegen, dieses Buch zu schreiben.
Ich sitze hier mitten im Dezember bei 21 Grad Wärme und
denke an Frau N., die mit zwölf Jahren ihre Mutter verlor und
vom Vater, einem Alkoholiker, zu bösartigen, entfernten Ver-
wandten gegeben wurde. Mit einundzwanzig Jahren heiratet sie,
weil sie schwanger ist, und bekommt einen Sohn. Als dieser drei
Jahre alt ist, stirbt ihr Mann. Jetzt erzieht sie ihren mittlerweile
sechzehnjährigen Sohn recht und gut, aber mit Mühe. Sie kann
im Grunde nur dadurch ihren Groll und ihr Selbstmitleid in
Grenzen halten, daß sie sich selbst gut zuredet, daß alles so richtig sei. Sie leidet unter zeitweiligen Asthmaanfällen.

Ich denke an Frau W., die als kleines Kind mit ihrer Mutter
bei Kriegsende 1945 flüchten mußte und miterlebt hat, wie ihre
Mutter viele Male vergewaltigt wurde. Sie hat sich so sehr damit
identifiziert, daß sie dachte, sie selbst sei als Zweijährige von
Russenhorden mißbraucht worden. Später wurde sie jahrelang
von ihrem eigenen Bruder mißbraucht. Die Mutter wußte um
das alles. Heute, als erwachsene Frau, kann sie mit ihrer Familie
darüber nicht reden, weil diese behauptet, sie sei verrückt und
hätte sich alles nur eingebildet; sie gehöre in eine Irrenanstalt.

In meinen Gedanken ist auch Frau A. Sie wuchs mit vielen
Geschwistern auf einem einsamen Bauernhof auf. Onkel und
Cousins mißbrauchten sie über viele Jahre. Das kleine Mädchen
baute sich eine eigene Phantasiewelt auf, um eine innere Oase
zum Überleben zu haben.

Frau N. kommt mir in den Sinn, die vom achten Lebensjahr
an von ihrem Bruder mißbraucht wurde. Die eigene Schwester

wurde vom Bruder schwanger und bekam ein Kind. Die Eltern wußten alles und decken den Bruder bis heute.

Ich denke an Herrn D., der mit zwei Jahren eine kleine Schwester bekam und diese über alles liebte. Sie wuchsen zusammen auf, teilten Freude und Leid, schenkten sich gegenseitig die Liebe und Zärtlichkeit, die ihnen die Eltern nicht gaben. Doch durch einen vom Vater mitverursachten Autounfall kam seine Schwester mit zwölf Jahren ums Leben.

Mein Kopf, mein Herz ist voll mit den Menschen, die im Laufe der Zeit bei mir Hilfe suchten. In ihnen war und ist noch die Frage: WARUM. Warum war das Leben so grausam zu mir? Warum haben mich die Menschen so grausam behandelt, obwohl ich ihnen doch nichts getan habe?

Warum hat mich mein Mann verlassen? Warum ist mein Partner gestorben und läßt mich mit allen Mühen der Erziehung allein? Warum macht mir ein Mensch Vorwürfe, obwohl ich immer nur anständig zu ihm war?

So viele Schicksale, Leben, Tragödien, die alle das Thema haben: Wie kann ich anderen oder mir verzeihen, ohne die Ereignisse aus meiner Erinnerung zu streichen, ohne voller Haß und Gedanken an Vergeltung mein Leben bis zum Ende zu vergiften?

So finde ich es wichtig, daß ich aus der Praxis berichte, was ich mit meinen Patienten erlebe. Da ich medial arbeite, finde ich es auch sehr wichtig, die inspirierten Gedanken und Durchgaben mitzuteilen, die mit diesem Thema zusammenhängen. Mein wichtigster geistiger Führer, der Sufimeister Pir-o-Murschid Hazrat Inayat Khan, hat mir geholfen, den Fragenkatalog zusammenzustellen. Er hat die einzelnen Gesprächspartner für mich ausgesucht und vorbereitet.

Ich gebe den Wortlaut der Gespräche, so wie sie stattgefunden haben, ohne Interpretation oder Ausschmückung wieder. Das wissen auch die geistigen Meister, die sich sonst nicht bereit gefunden hätten, ihre Aussagen zu machen. Wie Sie lesen werden, sind die Aussagen sehr unterschiedlich, je nachdem, in welchem Bereich der Religion und Kultur der Meister oder die Meisterin auf der Erde gewirkt hat.

Sie selbst haben die Wahl, die für Sie entscheidenden Dinge herauszusuchen, Anregungen zu finden und selbständig das für Sie Wichtige umzusetzen. Man kann und darf keinem Menschen das Denken abnehmen, ebenso wie Entscheidungen nur jeder für sich selbst fällen kann. Tut ein anderer es für ihn, trägt dieser die Verantwortung und läuft Gefahr, Vorwürfe oder Schlimmeres zu ernten.

Ich möchte mit diesem Buch Menschen Anregungen geben zu überlegen, ob und wie sie im wirklichen Sinne erwachsen werden können, im Sinne von Verantwortung für ihr Leben, ihr Wohlergehen und das Wohl aller fühlenden Wesen übernehmen. Dazu gehört auch, sich innerlich von unguten Gedanken und Wünschen zu befreien.

1
Verzeihen öffnet neue Wege

Der Schmerz des Lebens ist der Preis für die Belebung des Herzens.

Hazrat Inayat Khan

Vergeben und Versöhnen – dabei kommt mir ein altes Kirchenlied in den Sinn: Oh, Mensch, laß dich versöhnen mit Gott!

Kann man sich versöhnen lassen? Ist es ein passives Geschehen, etwas was man mit sich tun läßt? Oder muß man nicht vielmehr recht aktiv sein? Vielleicht hängt es von dem Geschehen ab oder von der Absicht des anderen Menschen, dem man bisher nicht vergeben hat. Was muß überhaupt passieren, damit ich in einen Zustand gerate, wo ich vergeben, verzeihen will?

Wenn ich in den Urlaub fahre, mir zwei Wochen Sonnenwetter erhoffe, und ich erlebe jeden Tag Regen, dann kann ich enttäuscht sein, weil meine Hoffnungen sich nicht erfüllt haben, aber ich kann niemandem deswegen Vorwürfe machen.

Ich begegne auf einem Spaziergang einem kleinen streunenden Hund. Ich will ihn streicheln, und er schnappt nach meiner Hand. Ich werde gewiß keinem Tier, auch nicht diesem kleinen, verstörten Hund, Vorwürfe machen. Wir begrenzen unsere Vorwürfe eindeutig auf Menschen und auf das Schicksal, sprich Gott. Letzterem laden wir die ganz großen, unangenehmen Dinge auf.

Wenn mich ein Mensch zur Mittagszeit anruft und mir lang und breit erzählt, wie er sein Auto gewaschen hat, daß er heute Fisch statt Fleisch gegessen hat und daß auf seinem Balkon mehr Amseln als Meisen Futter holen, dann ist es möglich, daß er sich nur langweilt und ein bißchen mit mir plaudern will.

Es kann aber auch sein, daß er ein Problem hat, und sich nicht traut, gleich damit anzufangen.

Ich kann ihn beizeiten unterbrechen, ihm in aller Freundlichkeit erklären, daß ich jetzt essen möchte, und wenn er mir etwas Wichtiges zu sagen habe, so könnten wir später in Ruhe telefonieren. Ich kann aber auch nichts sagen und einen Groll entwickeln. Er müßte doch wissen, daß ich jetzt essen will. Bei allen weiteren Telefonaten mit ihm befinde ich mich dann in Erwartung weiterer Belanglosigkeiten, und mein Groll steigert sich.

Es gibt auch ganz andere Situationen, erinnern wir uns zum Beispiel, als wir als kleine Kinder von den Erwachsenen abhängig waren. Vielleicht hatten wir einen Vater, der dem Alkohol verfallen war. Sonst eher harmlos, wurde er unter Alkoholeinfluß unberechenbar. Er schlug die Mutter, schlug die Kinder, zerschlug Teile der Wohnungseinrichtung. Wir wußten nie, wann es wieder dazu käme. Wenn der Spuk vorüber war, hofften wir, daß es niemals wieder geschehen möge. Doch irgendwann geschah es wieder. Vielleicht waren die Schläge, die wir bekamen, schon schlimm genug, doch mitzuerleben, wie unsere Mutter geschlagen wurde, das konnten wir nicht verzeihen.

Nach vielen Jahren hat sich vielleicht der Vater geändert. Wie ist unser Verhältnis heute zu ihm? Haben wir ihm verzeihen können, oder hat er sogar um Verzeihung gebeten?

Nehmen wir ein anderes Beispiel. Ein kleines Mädchen wächst auf einem Bauernhof in einer Großfamilie auf. Keiner spricht viel in der Familie. Alle sind es gewohnt zu arbeiten, zu gehorchen, zu schweigen. Über seine Gefühle zu sprechen ist ein Ding der Unmöglichkeit. Das Kind entwickelt sich langsam zu einem hübschen, lieben Mädchen. Eines Tages nimmt ein Onkel sie beiseite und mißbraucht sie. Oder der ältere Bruder oder ein anderes männliches Familienmitglied. Das Kind hat gelernt, zu gehorchen und zu schweigen, es widersetzt sich nicht. Es schweigt und fühlt sich sogar noch mitschuldig. Oft wird so einem Kind auch noch eingeredet, wenn du den anderen, der Mutter oder wem auch immer, etwas davon sagst, dann kommst du ins Waisenhaus, oder deine Mutter muß dann ins Gefängnis. Den Kindern wird alles mögliche Schreckliche angedroht.

Wie kann dieses Mädchen später als erwachsene Frau mit diesen Kindheitserinnerungen fertig werden? Wie kann es überhaupt noch Menschen vertrauen? Wie kann es verzeihen, wem soll es verzeihen? Oft sind sich die übrigen Familienmitglieder einig, nicht über diesen Mißbrauch zu sprechen. Alle decken ihn und betrachten es als ihr gemeinsames Familiengeheimnis.

Ein anderer Fall: Ein verheirateter Mann schwängert ein junges Mädchen und läßt es dann sitzen. Er zieht mit seiner Frau in eine andere Stadt. Er zweifelt sogar die Vaterschaft an, wird aber vom Gericht als Vater identifiziert. Er zahlt jeweils, trotz guten Einkommens, den niedrigsten Unterhaltssatz und weigert sich, das Kind zu sehen. Das Kind, ein Junge, wächst heran. Es bemüht sich wieder und wieder, brieflich mit seinem Vater in Verbindung zu treten. Der Vater hat inzwischen selbst mit seiner Frau einen Sohn. Diesen verwöhnt er nach allen Regeln der Kunst.

Dieser verwöhnte Sohn entwickelt sich zu einem recht faulen Gesellen. Er arbeitet nicht und macht Schulden, die sein Vater bezahlen darf. Der Vater sammelt Wut, Groll und durch seine eigene Charakterschwäche bedingte Hilflosigkeit an. Aber er richtet seine Wut gegen den unehelichen Sohn, nicht gegen den ehelichen. Der uneheliche Sohn ist ein arbeitsamer, sehr aufrichtiger Mensch, der die Sehnsucht in sich trägt, einmal seinen Vater kennenzulernen. Es kommt nicht dazu. Der Vater stirbt. In dem Sohn bleibt ein Gefühl von Enttäuschung und vielleicht Verletzung durch die lieblose Weise, wie sein Vater sich ihm gegenüber verhalten hat. Kann der Sohn dem Vater verzeihen? Oder soll er die Entscheidung offenlassen und sich fragen: Muß ich überhaupt verzeihen? Ich bin enttäuscht, aber

ich will für meine Kinder ein guter Vater sein; ich habe aus dem
Verhalten meines Vaters gelernt.

Wie können wir leben, wenn wir jemandem Schuld geben
für etwas, das er irgendwann einmal getan hat? Wie wollen wir
wissen, wie sich der andere gefühlt hat, was ihn bewogen hat, so
und nicht anders zu handeln!

Sicher gibt es Erfahrungen, die wir besser mit Hilfe eines
anderen, zum Beispiel eines Therapeuten, aufarbeiten sollten.
Dazu gehören alle Arten von physischem und psychischem
Mißbrauch. Psychischer Mißbrauch ist eine ebenso schreckliche
Angelegenheit wie der physische. «Wenn du dieses oder jenes
tust oder nicht tust, bekommt deine Mutter einen Herzanfall.»
Mit solchen Drohungen können Eltern ihre Kinder erpressen
und sich schuldig fühlen lassen. Oder die Mutter oder der Vater
drohen wegzugehen oder sich umzubringen. Oder sie drohen,
das Kind ins Waisenhaus zu stecken oder einfach «rauszu-
schmeißen», wohin auch immer.

Ich kenne eine Frau, der als kleines Mädchen von ihrer Mutter in allen Einzelheiten immer wieder erzählt wurde, auf welche Arten man Selbstmord begehen kann. Es war sicher eine
große Hilflosigkeit und Verzweiflung in der Mutter oder etwas
Krankhaftes, daß sie ihr kleines Kind mit derartigen Gedanken belastete und ihm sogar Selbstmord nahelegte. Die heute
erwachsene Frau sieht diese Erlebnisse als Training an, das es
ihr möglich machte, schon früh mit besonderen Formen der
menschlichen Psyche in Kontakt zu kommen. Sie hat ihrer
Mutter verziehen, und doch bedrängte sie viele Jahre die Frage,
wie eine Mutter sich so verhalten kann.

Eine junge Frau, die nicht sehr attraktiv ist, sehnt sich nach
einem Freund. Sie lernt schließlich einen jungen Mann kennen. Es entwickelt sich eine intime Beziehung. Die junge Frau
wohnt noch bei ihrer Mutter, die alle übrigen Frauen der Welt
als Konkurrenz empfindet. Eines Tages verabredet sich die
junge Frau mit ihrem Freund bei sich zu Hause. Als sie zwei

Stunden früher als gewöhnlich aus dem Büro nach Hause kommt, trifft sie ihren Freund mit ihrer Mutter im Bett an. Die junge Frau bekommt einen Schock. Noch nach vielen Jahren hat sie ihrer Mutter nicht verzeihen können, daß diese ihr den einzigen Mann ihres Lebens weggenommen hat. Sie ist unverheiratet geblieben, hat größte Partnerprobleme und leidet noch Jahre nach dem Ableben der Mutter unter Alpträumen, in denen die Mutter sie quält.

Natürlich gibt es auch Menschen, die verletzt wurden und es total verdrängt haben. Sie sagen vielleicht: «Ich werfe niemandem etwas vor, ich muß niemandem etwas verzeihen, es gibt keinen Grund dafür. In der Vergangenheit war immer alles in Ordnung.» Aber das Verhalten dieser Menschen ist meistens von ihrem Intellekt geprägt. Sie halten ihre Gefühle unter Kontrolle, oft natürlich unbewußt. Es ist, als ob sie sich vorgenommen hätten, niemals wieder Gefühle erleben zu müssen, niemals wieder seelisch verletzt zu werden, verraten zu werden, lächerlich gemacht zu werden oder ähnliches.

Haben Sie auch schon bemerkt, daß es ein Unterschied ist, ob ein Mensch von seinen Gefühlen oder über seine Gefühle spricht? Intellektuelle Menschen sprechen bestenfalls von Gefühlen, aber nie über ihre eigenen. Sie sagen am liebsten, «man» könnte, «man» hat – damit bleibt alles unpersönlich. Diese Menschen wollen sich auf keinen Fall festlegen, um nicht wieder verletzt zu werden.

Könnte es nicht so sein: Wenn man als Kind nicht gelernt hat, sich zu entschuldigen, so erfährt man auch nicht, wie es ist, wenn einem verziehen wird. Später kann man dann auch selber schwer oder gar nicht verzeihen.

Wichtig ist doch, daß das Gewissen eines Kindes schon früh auf subtile Art bewußtgemacht wird, und nicht, daß ein Kind durch Schläge in seinem Ich-Wertgefühl gebrochen wird. Mir fällt gerade eine Patientin ein, die von klein auf, seit dem Alter von zwei Jahren, täglich von ihrer Mutter mit einem harten

Gummirohr geschlagen wurde. Sie sagte als kleines Kind nach den Schlägen manchmal: «Jetzt hat mich Mami wieder artig geschlagen.»

Diese Art von Erziehung meine ich natürlich nicht. Doch wenn ein Kind einen anderen Menschen oder ein Tier quält, so werden die Eltern oder die Bezugsperson ihm erklären, daß es Unrecht getan hat, etwas Unheilsames gemacht hat und daß sie erwarten, daß es ihm auch leid tut.

Das Kind sollte sich entschuldigen. Wenn es aus seinem Verhalten lernt, erfährt es etwas Wichtiges für sein Leben. Es hat gelernt, daß es anderen nicht weh tun soll, und es hat durch sein Bedauern erfahren, welche Erleichterung es schenkt, wenn die Eltern «nicht mehr böse» sind, wenn sie verziehen haben.

Sicher können auch Eltern oder andere Bezugspersonen Fehler machen, Unrecht tun. Es spricht für ihre innere Größe, wenn sie sich bei den Kindern entschuldigen können. «Entschuldige, ich wollte dir nicht weh tun, es tut mir leid, ja, es tut mir selber weh, daß das passiert ist.»

Es kommt wirklich auf die innere Intention an, ob eine Entschuldigung echt ist und auch beim anderen ankommt. Übel ist es, wenn ein oberflächliches «Tschuldigung» ausgesprochen wird, weil es erwartet wird oder weil man schnell aus der Situation wieder heraus möchte. Man genügt sozusagen der Form. Der andere kann einem nichts vorwerfen, man hat sich doch entschuldigt, auch wenn man mit seinem wirklichen Bedauern überhaupt nicht dabei ist.

Verzeihen, versöhnen, selbst um Verzeihung bitten, anderen Verzeihung gewähren – ist das ein Thema in unserem Leben? Fragen wir uns, jeder für sich: Gibt es Anlässe, uns damit auseinanderzusetzen? Haben wir noch irgendwo eine Rechnung offen? Wie gehen wir damit um? Gibt es Möglichkeiten, etwas zu ändern? Wollen wir es? Oder benutzen wir noch heute lieber schwerwiegende Vorwürfe gegen andere als Ausreden, um uns nicht selbst ändern zu müssen?

2
Wahrnehmen – Annehmen

Jede Seele hat ihren eigenen Lebensweg. Wünschst du den Weg eines anderen zu
gehen, mußt du dir erst die Augen des Betreffenden borgen, um ihn zu sehen.

Hazrat Inayat Khan

In dem einen Weg, den wir im Leben gehen, liegt genau das
verborgen, was wir uns zu entdecken vorgenommen haben. Für
den Durchschnittsmenschen hört sich das unglaublich an. Er
denkt, daß das Leben voller Zufälle und Ungerechtigkeiten ist,
und fühlt sich oft unbekannten Mächten hilflos ausgeliefert.

Er kann nicht einsehen, daß man besten Willens sein kann
und trotzdem immer wieder Schmerzen und Enttäuschungen
erleben muß. Gerne würde er sein Leben mit einem anderen
Menschen tauschen, mit einem Gesunden, Glücklichen und
meist auch Reichen. Stellen Sie sich vor, das ginge wirklich!
Wer übernähme all die Leben, in denen Krankheit, Unglück
und Armut herrscht?

Ein sogenanntes trauriges Leben ist mit all seinen Erfahrungen ein für den Betroffenen äußerst wichtiger Lernprozeß.
Gehen wir einmal von der Hypothese aus, daß ein Mensch vor
seiner Geburt sich die Straße seines zukünftigen Lebens mit
allen wichtigen Ereignissen anschaut und sogar mitgestaltet. Das
bedeutet, er hat sozusagen eine Liste mit all den Eigenschaften,
die er im nächsten Leben entwickeln will.

Sehr weise helfen ihm seine geistigen Führer oder sein
Schutzengel, Situationen zu finden, in denen das möglich ist.
Das Ganze ist ein sehr komplexer Vorgang. Es ist ja nicht nur
das betreffende Wesen beteiligt, sondern eine große Anzahl
anderer Menschen, für die ebenfalls Lernprozesse programmiert
werden. Ein Netzwerk von Begegnungen, Verbindungen und

Trennungen bringt die Möglichkeit zu Lernerfahrungen für jeden einzelnen.

Im Leben reden die Menschen oft von Zufall. Sie meinen damit, daß etwas willkürlich geschieht. Irgend etwas könnte jedem x-beliebigen geschehen. Aber so ist das nicht. Es geschieht nichts im Leben, was nicht geschehen soll. Natürlich ist ein schönes Ereignis immer angenehmer als etwas Schreckliches, aber dennoch haben wir uns alles ausgesucht. Unwissenheit ist einer der wesentlichen Faktoren unseres Leidens. Fast jeder Mensch meint, daß Lernen wichtig sei. Er meint aber mit dem Lernen, Wissen ansammeln, mit dem Denken den Intellekt vervollkommnen.

Halten Sie einen Augenblick inne, und überlegen Sie einmal, ob Sie jemanden kennen, von dem Sie sagen können «Das ist ein feiner Mensch», in dem Sinne, daß dieser Mensch Wohlwollen mit Geduld und liebevoller Weisheit verbindet. Glauben Sie nicht, daß man einen solchen Menschen nur unter denen trifft, die studiert haben, die viele Examen und Diplome gemacht haben! Die Weisheit des Herzens wird weder an unseren Schulen noch an unseren Universitäten gelehrt.

Finden Sie Edelsteine nur bei teuren Juwelieren? Ein Diamant kann sich tief in der Erde verstecken, und eines Tages wird er gefunden. Er ist noch ein Rohstein, rauh, ungeschliffen. Ein Kenner jedoch wird sofort seinen Wert erkennen. Keiner kann in die tiefsten Tiefen der menschlichen Seele schauen. Keiner weiß, wer der andere wirklich ist. Und doch maßen wir uns oft zu schnell ein Urteil an. Stimmt der andere auf irgendeine Weise nicht mit unseren Vorstellungen überein, sind wir nur zu gerne und vorschnell mit Kritik zur Stelle.

Schicken Sie Ihre kritischen Gefühle in das Land des Mitgefühls. Fühlen Sie sich in den anderen ein, und zwar so lange, bis Sie glauben, er zu sein. Vertiefen Sie sich in seine Geschichte, seine Kindheit, seine Lebensumstände. Empfinden Sie den Mangel an Verständnis für das Geschehen, für die Zusammenhänge.

Auf einmal erfahren Sie, daß es Unwissenheit ist, die den Menschen zu seinem Verhalten treibt.

Christus hat das am Kreuz erkannt, als er seinen Vater für seine Peiniger um Verzeihung bat: «Denn sie wissen nicht, was sie tun.» Doch wir sollten uns nicht besser und überlegener dünken als andere. Wer wagt von sich zu sagen, daß er ein Wissender sei? «Wer weiß, redet nicht, wer redet, weiß nicht», sagt Lao Tse. Einen Weisen erkennt man weniger an seinen Worten als vielmehr an seinem Leben. Trauen wir also weniger den schönen Worten des anderen, lernen wir vielmehr uns selbst zu trauen. Wie wir das machen können, wird auf den folgenden Seiten beschrieben.

Stellen Sie sich vor, daß Sie von einem anderen Stern als Besucher auf diesen Planeten Erde kommen. Alles ist neu und anders. Sie schauen alles wie zum ersten Mal an. Unbelastet von Meinung und Voreingenommenheit erfahren Sie Leben, als ob es für Sie etwas total Neues wäre.

Wie kann man diesen Zustand erreichen? Haben Sie schon einmal versucht wahrzunehmen, ohne zu denken? Eine Blume, einen Baum, einen Sonnenaufgang oder einen Sonnenuntergang? Können Sie einfach schauen, in sich aufnehmen, nur empfinden? Vielleicht einige Sekunden oder Minuten schweigt Ihr Denken. Oder auch nicht: «Wie schön das ist. Wie herrlich. Mein Gott, ein Sonnenuntergang wie auf einer kitschigen Postkarte» – das Denken plätschert ungefragt wie ein Wasserfall und hindert unsere reine Wahrnehmung.

Machen Sie sich einmal klar, wie ein Auto zusammengesetzt ist und wie es funktioniert. Stellen Sie sich vor, wie ein Computer gebaut ist. Sie fahren das Auto ohne besondere Kenntnisse, Sie bedienen Ihren Computer, und alles funktioniert mehr oder weniger gut. Mit einer ähnlichen Einstellung gehen wir an den Menschen und seine Psyche heran.

Glauben die Wissenschaftler, eine neue Entdeckung betreffend der Psyche gemacht zu haben, finden sie meistens, daß die

Hälfte der Kollegen sich dagegen sperrt. In den Welten der Immanenz, der dichtstofflichen Welt, lassen sich noch am ehesten meßbare Daten und Beweise liefern. Doch die menschliche Psyche ist ein Gebilde aus feinstofflichen Teilen. Es wird noch Tausende von Jahren dauern, ehe die Menschen ihre intelligente, göttliche Seele voll ausgebildet haben und ein Leben leben, das in inniger Verbindung zu den übrigen geistigen Ebenen steht.

Bis das geschieht, sind wir unzähligen Lernprozessen unterworfen. Je nach Reife und geistiger Wachheit beginnt ein Mensch Fragen zu stellen. Das wissen wir von kleinen Kindern. «Mami, warum ist Regen naß?» «Papi, warum gibt es Schmetterlinge?» Die natürliche Wißbegier ist ein Antrieb zur Erkenntnis. Warum finden wir Menschen kein dauerhaftes Glück, obwohl wir doch alle danach streben?

Die meisten Eltern lieben ihre Kinder und wollen, daß es ihnen gutgeht. Sie kennen den Satz: «Es soll meinem Kind bessergehen als mir.» So denken sie, und gleichzeitig kommt ihnen ihre Kindheit in den Sinn. Eine Kindheit, zwiespältig, mit Wechselbädern von Strenge und Wohlwollen. Die Urgroßeltern waren der Meinung, daß man Kinder und vor allem Jungen nicht durch Zärtlichkeit verweichlichen sollte. Sie selbst mußten Gehorsam und Disziplin gegenüber ihren Eltern und der Kirche üben. Vielleicht wurden sie gelobt, wenn sie besondere Leistungen erbrachten, sich besonders gut anpaßten und die gegebene Ordnung akzeptierten. Mit diesen anerzogenen Ideen wurden diese Menschen selbst Eltern. In ihren Herzen sehnten sie sich nach Liebe, die aber nie gezeigt werden durfte noch je erfüllt wurde. Ihre Seelen waren, wie alle Seelen, erfüllt von Sehnsucht nach Erkenntnis. Noch unbewußt, fast schlafend, fragten sie sich: Warum geschieht etwas so und nicht anders?

Die Menschen hatten ihre ganze Zeit darauf zu verwenden, den harten Alltag immer wieder aufs neue zu bewältigen. Für viele Menschen fand der Rausch der Leidenschaft ein

Ende, wenn jedes Jahr ein weiteres Kind geboren wurde. Geburtenkontrolle gab es früher nicht. Jedes geborene Kind verlangte Aufmerksamkeit, wollte seinen Hunger gestillt bekommen. Es war um 1880 keine Seltenheit, Familien mit zehn und mehr Kindern zu finden. Noch 1940 gab es in der Innerschweiz sehr viele Familien mit im Durchschnitt acht bis zwölf Kindern.

Wie sollten die Generationen für sich und ihre Kinder aufkommen? Liebevoll, gerecht und voller Wissen, was für jeden das beste ist? Das Erwachen des psychologischen Interesses hat erst in den letzten zwanzig bis dreißig Jahren im Bewußtsein des Durchschnittsmenschen begonnen. Und so können wir uns fragen: Wann werden wir wissen, wie wir leben müssen, um zufrieden und glücklich zu sein?

Es genügt ja nicht, daß wir es nur für uns lernen, das bringt überhaupt nichts. Erstens ist angelerntes Wissen nicht zu vergleichen mit dem, was der Mensch aus der Erfahrung behält. Und zweitens genügt es nicht, daß wir glücklich sind, wenn wir dieses Glück nicht mit den anderen teilen.

Glück ist etwas sehr Relatives. Der Mensch, der nichts zu essen hat, ist glücklich über Brot und Butter, derjenige, der krank ist, wäre oft glücklich, wieder gesund zu sein. Der Mensch, der allein lebt, wünscht sich einen Partner zum Glücklichsein. Derjenige, der in einer Partnerschaft voller Zank und Streit lebt, wäre dagegen glücklich, endlich in Ruhe allein leben zu dürfen.

Vor über dreitausend Jahren hat ein Mensch das schon erkannt und die Frage nach dem WARUM gestellt. Er hat solange geforscht und nicht aufgegeben, bis er tiefste Erkenntnisse hatte. Er fand heraus, daß alle Menschen danach suchen, glücklich zu sein. Kein Mensch will leiden. Jeder will das haben und behalten, was ihm angenehm ist, und er will das meiden oder wieder loswerden, was er nicht mag.

Wir leben unseren Alltag und haben teilweise noch rudimentäre Gewohnheiten aus der Steinzeit. Wir denken, wir seien ein Mensch mit einer Persönlichkeit, mit Fühlen, Denken und Handeln, das durch unsere Eltern und die Erlebnisse seit unserer Geburt geprägt wurde. Das Schlimmste ist, wir denken, daß wir wissen. Dabei sind wir eher einem Erstkläßler ähnlich, der in seiner Begeisterung sich schon sooo groß vorkommt, weil er weiß, daß zwei und zwei gleich vier ist.

Das größte Hindernis auf unserem Weg ist unsere Unwissenheit. Wir wissen nicht, warum wir etwas tun, welche Wirkungen unser Tun auslöst und wie alles mit allem zusammenhängt. Es ist kein Trost, daß es nicht nur uns so geht, sondern allen Menschen, seit es die Menschheit gibt. Generationen über Generationen wurden Ideologien, Vorstellungen, Meinungen benutzt, um jeweils nachfolgende Generationen auf das Leben vorzubereiten.

Mit dem Slogan «Ruhm- und ehrenvoll ist es, für das Vaterland zu sterben» wurden Menschen in Kriege getrieben und gezwungen, andere zu töten und auch noch mit Begeisterung zu sterben. Im Namen von Ideologien wurden die schrecklichsten Verbrechen verübt. Vielleicht beginnt der Mensch langsam zu erwachen und sich zu fragen: Warum? Wozu?

Es hat keinen Sinn, wenn er jemanden anderes fragt. Jeder kann nur in sich selbst die Antwort finden. Lassen Sie Ihren Geist, Ihre Aufmerksamkeit unvoreingenommen wahrnehmen. Seien Sie ehrlich, auch zu sich. Seien Sie schlicht und einfach, ohne Wenn und Aber. Erkennen Sie, daß Sie aggressiv sein können. Jeder Mensch ist aggressiv. Jeder Mensch sucht seinen eigenen Vorteil. Selbst wenn wir anderen Gutes tun, tun wir es für uns, weil wir uns dann gut fühlen.

Kritisieren Sie nicht. Lernen Sie, Dinge einfach so zu nehmen, wie sie sind. Das heißt «wahr-nehmen». Jede Kritik, die Sie anbringen, setzt Barrieren. So verbauen Sie sich den Weg zu Ihrer eigenen Erkenntnis. Ebenso ist es, wenn Sie zu sehr von etwas begeistert sind. Meistens wollen wir das, was wir schön finden, besitzen. Oder wir wollen ihm nahe sein, uns damit wohl fühlen. So kommt unser Wille ins Spiel, unser Habenwollen, und damit wird unsere Sicht unklar.

Christus sagt: «Wer ohne Sünde ist, der werfe den ersten Stein.» Was kann er damit gemeint haben? Wir leben unser Leben, innerlich zufrieden, ausgeglichen und voller Mitgefühl für alle Menschen und Wesen. Nein? Warum machen wir dann anderen, einschließlich unseren Eltern, Kindern, Freunden, Nachbarn und Kollegen Vorwürfe wegen ihres Verhaltens? Wir sind uns selbst das größte Hindernis auf dem Weg zur Erkenntnis.

Warum werden Autoritäten wie Professoren, Direktoren, Minister auf einen Sockel der Verehrung gestellt? Warum glaubt man, daß diese Menschen wissen, wie ich mein Leben richtig und gut leben kann? Diese Menschen haben bestenfalls ein Fachwissen, vielleicht auf den verschiedensten Gebieten. Aber was hilft mir dieses angelernte Wissen? Wenn ich Selbsterkenntnis erlangen will, helfen mir keine noch so hochstehenden Autoritäten.

Krishnamurti sagte in einem seiner Vorträge: «Jede Autorität, ganz gleich welcher Art, besonders auf dem Gebiete des Denkens und der Verständigung, ist verderblich und von Übel. Führer zerstören ihre Anhänger, und diese zerstören ihre Führer. Sie müssen alles in Frage stellen, was der Mensch für wertvoll, für notwendig gehalten hat.»

Versuchen Sie das Gefühl auszuhalten, das Sie erfahren, wenn Sie sich selbst erforschen. Bleiben Sie nicht bei der Kindheit hängen, bei den Eltern. Lassen Sie alle anderen Menschen aus dem Spiel. Sie sind völlig auf sich gestellt. Erspüren Sie die Einsamkeit, die aufkommt, nehmen Sie sie an. Sie führt Sie in Ihre eigene Tiefe. Lassen Sie Ereignisse, Menschen, Dinge los. Nehmen Sie nur noch wahr, ohne Vorstellung, wie es sein könnte oder sollte.

Leben Sie mit sich! Erkennen Sie, daß Sie keine Maschine sind und nicht immer gleich reagieren, denken und fühlen.

3
Zufall oder Sinn?

Es ist der Pfad der Disziplin, der zum Ziel, zur Freiheit führt.
Hazrat Inayat Khan

Kleine Ursachen, große Wirkungen, oder wie sehen Sie es, wenn ein Mensch gerade Kummer hat und den Grund dafür in seiner Umwelt sucht? Sehen Sie Zusammenhänge zwischen einer defekten Maschine oder einem streikenden Auto und den inneren Zuständen des Besitzers?

Einer nervösen Frau, die unter großer Spannung steht, geht das Bügeleisen entzwei. Einem gestreßten Computermenschen fällt ohne ersichtliche Gründe das Programm aus, oder der Bildschirm streikt plötzlich. Können Sie einen Zusammenhang herstellen? Für den Durchschnittsmenschen ist so vieles im Leben sogenannter Zufall. Bestenfalls sagen wir, «es fällt ihm zu» – aber eben in dem Sinne von beliebig.

Es gibt jedoch keine Beliebigkeit in menschlichen Ereignissen. Schwierigkeiten, Hindernisse, Krankheiten, Begegnungen mit Menschen, angenehm oder unangenehm – es gibt keine halben Schicksale. Es ist nicht ein bißchen Zufall und ein bißchen Schicksal. Jedes Ereignis, und sei es noch so klein, ist für den Menschen wichtig. Das Ereignis bringt den Menschen dazu, sich auf seine eigene Weise zu verhalten, darauf zu reagieren, seine eigenen Emotionen und Gedanken dazu zu haben. Und vielleicht stellt er in dem Moment seines Tuns die Weichen für weitere Geschehnisse in seinem Leben. Ein Mensch ist immer auf mehreren Ebenen tätig, auch wenn er das nicht weiß. In der Welt des Alltagsbewußtseins findet er keine Hinweise auf die Verknüpfungen zu den anderen Ebenen. Und doch lebt er gleichzeitig auf mehreren Ebenen. Der Verstand funktioniert jedoch nur auf der irdischen Bewußtseinsebene. Die Intelligenz des höheren Bewußtseins schenkt plötzliche Einsichten, die wir dann Intuition nennen. Einsichten in kosmische Zusammenhänge erhält der Mensch mit Hilfe hoher himmlischer Weisheit. Für jeden einzelnen gibt es einen, nur ihm vorgegebenen Weg. Dennoch gibt es auch noch für jeden einen gewissen Grad an Willens- und Entscheidungsfreiheit.

Schwer ist es, aus eigenem Nachdenken das Ursache- und Wirkungsprinzip herauszufinden. Richten Sie sich keine Routine und Muster ein. Das heißt, verfallen Sie nicht in Gefühls- oder Denk- oder Verhaltensmuster. Denn das, was einmal gestimmt hat, stimmt irgendwann nicht mehr. Je intensiver ein Mensch sich mit den Geschehnissen seines Lebens auseinandersetzt, desto überlegener wird er Kummer, Leid und Krankheiten akzeptieren können.

Es ist keine Lieblosigkeit Gottes, wenn einem Menschen obengenannte Erfahrungen zukommen, es ist selbstverursachtes Karma. Das muß nicht unbedingt seine Ursachen in diesem Leben haben. Manchmal sind es Ereignisse, die mehrere Leben zurückliegen. Seien Sie unbesorgt: Wir bekommen in der Regel nicht mehr aufzuarbeiten, als wir schaffen und ertragen können.

Schauen Sie sich Ihre Eltern oder Großeltern an. Möchten Sie mit ihnen tauschen? Wir denken oft, das Leben eines anderen sei viel schöner und angenehmer zu leben. Doch wir wissen nicht, was dieser Mensch schon durchlebt hat und wie es ihm wirklich geht. Jeder hat neben dem Familien- und Gruppenkarma auch noch sein ganz persönliches Karma.

Schicken Sie Ihren Eltern wohlwollende Gedanken. Es ist gleichgültig, ob die Eltern noch leben oder nicht. Versetzen Sie sich in das Bewußtsein Ihrer Mutter oder Ihres Vaters. Wieviel Unwissenheit war in ihnen, wie viele Sorgen haben sich diese Menschen gemacht, wieviel Leid haben sie erfahren.

Karma, seine Gesetze und ihre Anwendung sind nicht nur etwas für uns, weil wir uns dafür interessieren. Karma und seine Gesetze gibt es seit Ewigkeiten. Vielleicht ist es erst jetzt einigen Menschen möglich, tiefer in das ganze Gebiet einzudringen und nach vielen Inkarnationen endlich für eine Weiterentwicklung auf geistigen Ebenen bereit zu sein.

Eine Verbindung besteht zwischen allen Ebenen. Die physische Ebene hat Auswirkungen auf körperliche Symptome, doch können auch Einflüsse aus den anderen Ebenen eine Rolle spielen. Wir sammeln die Ergebnisse unserer Taten auf allen Ebenen an. Nach und nach haben wir die Möglichkeit, alle Ebenen zu reinigen und unser Karma aufzuarbeiten. Je bewußter wir Verantwortung für unser Tun übernehmen, desto heilsamer ist es für uns.

Reaktionen finden statt und setzen sich zwischen den Ebenen fort. Es kann sein, daß wir in diesem Leben einem Menschen begegnen und uns eine intensive Gefühlsregung durchströmt. Nehmen wir zuerst einmal an, unser intensives Gefühl ist ein angenehmes Gefühl. Dann schaltet sich das Denken ein. Das irdische Denken wird vom Ego bestimmt. Angenehmes wollen wir haben, und es soll möglichst lange andauern. Ich sage mir also in meinem Denken: «Dieser Mensch erweckt in mir wunderbare Gefühle; ich liebe es, solche Gefühle zu haben; ich setze Gefühle mit diesem Menschen gleich; also liebe ich diesen Menschen.»

Meine intensiven Gefühle steigen noch höher. In meinem höheren Denken entsteht jetzt Energie, einige Gefühle steigen noch höher in die Ebene des geistigen Fühlens. Doch schon auf der Ebene der Intuition kommen Erkenntnisblitze, die mir sagen können: Etwas an der Sache ist nicht richtig, oder: Hier wird eine höhere Bestimmung ganz deutlich.

Vielleicht bin ich schon älter und seit Jahren mit einem Partner zusammen. Wir haben viel Schönes, aber auch Schweres zusammen erlebt. Wir wissen umeinander, wir kennen einander

in vieler Hinsicht. Wir sind uns vertraut, denn wir vertrauen
einander. Und nun erlebe ich eine Begegnung mit einem anderen Menschen, der mich in der Tiefe anrührt.

Die Frage ist nur, was mache ich damit? Ich kann mich
geschmeichelt fühlen, daß ein anderer mich so toll findet. Er
kennt mich ja noch lange nicht, auch nicht meine Schattenseiten. Er oder sie liebt das Gefühl, das diese, unsere Begegnung
ihm/ihr vermittelt. Dieser Mensch sagt und meint aber: «Ich
liebe dich.» Unser Ego bläht sich schrecklich gern auf und
möchte groß und ganz toll sein. Unbewußt unterstützt der
andere Mensch das.

Ich kann den nächsten Schritt tun und diese neue Beziehung
vertiefen, vielleicht auf Kosten meiner alten Beziehung. Das
Neue ist interessanter. Der Partner der alten Beziehung leidet
sehr. Ich erhalte derweil neue Schmeicheleinheiten von dem
neuen Partner und fühle mich einerseits toll, andererseits macht
mir vielleicht mein Gewissen zu schaffen. Irgendwann wird
alles Neue auch alt. Der Reiz des Neuen vergeht, und wir finden uns wieder in einer Beziehung, in die sich ähnliche Muster
einschleichen wie in unserer alten. Entweder die alte Beziehung
ist zerbrochen und die neue, nun alte, geht auch kaputt, oder die
alte Beziehung wird gekittet, und die neue Beziehung zer-
bricht.

Die dritte Möglichkeit, wenn ich einem Menschen begegne,
der mich anrührt in meinem Innern, ist, daß ich schon vorher
überlegen kann: Wie sieht meine Verantwortung in diesem
Leben aus? Verantwortung für mein Denken, Fühlen, Tun, Verantwortung für meinen Partner, dem ich vielleicht irgendwann
sogar ein Versprechen gegeben habe, für ihn in diesem Leben
dazusein.

Außerdem muß ich bedenken, welche Verantwortung ich
übernehmen darf für die neue Beziehung. Selbst wenn ich es
fertigbrächte, die Beziehung leichtzunehmen, nur meinen Spaß
zu suchen und dann meiner Wege zu gehen, der andere will

sich vielleicht mit allen Fasern an mich binden, will und wird mich total vereinnahmen, um nach seinen Wünschen und Vorstellungen mit mir zusammenzuleben. Was wird wohl meine innere Stimme mir raten?

Ich werde die volle Verantwortung für mein Denken, Fühlen, Tun und Sprechen übernehmen und mich nicht in eine intensive Beziehung einlassen.

Viele Menschen haben es schon erkannt, daß auf hohen geistigen Ebenen Grenzen, wie wir sie von der Erde her kennen, nicht existieren. Auf den hohen Ebenen treffen sich Wesen und Menschen mehr oder weniger oft und haben gemeinsame Aufgaben und Erlebnisse, je nach Reife und Erkenntnis. Es gelten dort nicht die Gesetze, die hier auf Erden gültig sind.

Da wir uns aber hier und jetzt auf dem Planeten Erde befinden, haben wir auch die Gesetze der Erde und des Landes, in dem wir leben, zu akzeptieren. Wir sind nach bestimmten Gesetzen angetreten. Vielleicht sind das zuerst einmal äußere, von Eltern und Gesellschaft geschaffene Gesetze.

Doch wie steht es in der Bibel? «Den Heiden ist das Gesetz ins Herz geschrieben.» Wir spüren das innere Gesetz in uns; wenn wir uns nicht so verhalten, wie es unserem inneren Gefühl entspricht, dann ist unsere innere Harmonie plötzlich nicht mehr zu finden – ein bedenkliches Zeichen.

Können Sie unterscheiden zwischen Ihrem Wollen, das wirklich ganz aus Ihnen selbst kommt, und einem manipulierten Wollen, bei dem jemand anderes will, daß Sie etwas wollen? Einen Unterschied können Sie sicher erkennen: Wenn das Wollen aus Ihnen selbst entsteht, entdecken Sie eine innere Gelassenheit des Vertrauens und wissen, es ist so richtig, wie es geschieht.

Das Vertrauen hat seine Ursache darin, daß Sie unbewußt Ihrem höheren Selbst einen Teil der Gestaltung und Führung überlassen können und wissen, daß es alles zu Ihrem Besten geschehen läßt.

Anders indessen von außen gesteuertes Wollen: Es macht unruhig; es geht alles nicht schnell genug; für viele entstehen Gewissenskonflikte; ein Leben voller Widersprüche beginnt. Das Denken argumentiert für und wider, die Gefühle sind Wechselbädern unterworfen. Man fühlt sich erhoben und dann wieder verzweifelt oder sogar depressiv.

Wichtig ist, daß wir nicht davonlaufen, unsere Zustände überspielen oder verharmlosen. Es sind, wie alles im Leben, Gelegenheiten, zu lernen, wahrzunehmen, in eine bestimmte Richtung zu gehen, Entscheidungen zu fällen und unsere Verantwortung zu erkennen. Wir bekommen eine Chance, unser Karma zu verbessern, indem wir Zusammenhänge erkennen und vielleicht eine Entscheidung fällen, die einer Kette von Ereignissen ein positives Ende setzt.

Überlegen Sie einmal, wie Sie sich fühlen, wenn Sie die Ereignisse selbst mehr oder weniger bestimmen können, anstatt wie eine Spielpuppe von anderen manipuliert zu werden.

4
Illusionen verschleiern
die Wirklichkeit

Illusion ist die Oberfläche der Dinge, Realität ist ihre Tiefe.

Hazrat Inayat Khan

Es gibt etwas in unserem Leben, das dem bewußten Denken entzogen ist. Glauben Sie nicht, Sie hätten alles im Griff, wenn Sie einen festen Lebensplan haben und sich unerschütterlich daran halten. Für keinen Menschen gibt es Garantien, daß das Leben immer so weiter läuft, wie er es sich wünscht. Sicher glauben viele, daß ein reicher Mensch keine Probleme hat. Er hat mit Sicherheit welche. Vielleicht andere, als Sie denken. Finden Sie einmal genau heraus, wer im Leben ohne Probleme ist! Für das geistige Wachstum bedeuten Probleme Auseinandersetzungen mit dem Gewissen. Gewissen können wir als eigene, innere ethische Instanz verstehen. Immer wieder werden wir im Leben in Situationen kommen, wo wir den Eindruck haben, an einer Kreuzung zu stehen. In welche Richtung sollen wir gehen? Oft wird es eine andere sein als die, die wir ursprünglich einschlagen wollten.

Gibt es irgendwo einen Hinweis, eine Hilfe, die uns die Entscheidung erleichtern könnte? Es tröstet uns wenig, wenn wir uns vorstellen, daß schon unsere Eltern, unsere Großeltern und alle Generationen davor durch Lebensnöte und Prüfungen gegangen sind. Wie oft haben unsere Vorfahren schon vor genau denselben Entscheidungen gestanden?

Eines der großen Hindernisse, mit denen wir im Leben zu tun haben, ist die Illusion. Es gibt Illusionen, die über Generationen hindurch vererbt werden. Denken Sie an die Hoffnungen und Illusionen, die sich Eltern über ihre Kinder machen.

Die Kinder sollen gesund sein, klug und anständig. Im Leben sollen sie unter anderem auch finanziell Erfolg haben. Und sie sollen sich fürsorglich und dankbar verhalten ihren Eltern gegenüber, gleichgültig, wie sich die Eltern den Kindern gegenüber verhalten haben.

Denken Sie an die Hoffnungen, mit denen Partnerschaften immer wieder belastet werden. «Er» ist der Mann aller Träume, oder «sie» ist die Traumfrau. Doch jeder Traum hat einmal ein Ende. Übrig bleiben Enttäuschungen, Verletzungen, Groll oder Haß. Die Traumfrau hat keine Lust, länger Hausfrau zu spielen. Sie will wieder in den Beruf zurück, mit anderen Menschen zu tun haben, vielleicht auch mit anderen Männern flirten. Zu Hause läuft sie am liebsten in ihrem Jogginganzug herum. Sie nörgelt, wenn ihr Mann Überstunden macht, weil sie den Anspruch erhebt, daß er auf jeden Fall außer seinem Beruf einen Teil der Hausarbeit übernehmen muß. Konflikte bahnen sich an, steigern sich, Mißverständnisse nehmen zu. Wie kann man verzeihen, wieviel hält eine Beziehung aus, die auf Illusionen aufgebaut ist?

Wie viele Frauen denken sich, wenn wir erst einmal verheiratet sind, gewöhne ich ihm diese und jene Eigenschaft schon noch ab? Es wird nicht funktionieren! Jeder Mensch hat Eigenschaften, die er nicht ohne weiteres aufgeben kann, weil sie in seinem Leben auch eine Funktion haben. Muß er sich jetzt etwas abgewöhnen, so wird dafür eine andere, vielleicht noch unangenehmere Eigenschaft irgendwann auftauchen.

Aus dem gepflegten, charmanten Traummann wird der müde, unrasierte Mensch, der sich nur dann rasiert, mit duftenden Wässerchen einreibt und elegant kleidet, wenn er ins Geschäft oder ins Büro fährt. Daheim will er sich entspannen. Und das sieht so aus, daß er im legeren, abgetragenen Sportdreß vor dem Fernseher oder seinem PC sitzt und auch sonst macht, was ihm gefällt.

Ein Traum löst sich auf. Aus kleinen Unmutsäußerungen

können massive Vorwürfe werden. Aus diesen kann sich eine Beziehung entwickeln, die bis zum haßerfüllten Kampf führt. Oder totale Gleichgültigkeit setzt ein, wo jeder seiner Wege geht und der andere ihm egal wird.

Werden wir anderen gerecht, wenn wir unsere Hoffnungen und Wünsche auf sie projizieren? Überfordern wir sie nicht, vergewaltigen wir sie nicht mental? Wollen wir andere immer wieder so ummodeln, daß sie unseren Wünschen und Vorstellungen entsprechen? Warum sind wir nicht in der Lage, den anderen so zu erkennen, wie er ist, mit allen Schwächen und Stärken, und ihn so zu akzeptieren und zu unterstützen, wenn er es will?

Wir sehen oft das, was wir meinen, nicht zu haben, im anderen. Der andere ist klug, selbstbewußt, weiß in jeder Lage Rat, ist charmant, nichts bringt ihn aus dem Gleichgewicht, er ist meistens gut gelaunt. Dasselbe gilt natürlich auch für die Traumfrau. Wir erleben den Menschen und sehen doch nur das, was wir sehen können oder wollen.

Jeder Mensch trägt Filter vor seiner Wahrnehmung. Illusionen sind solche Filter, aber auch bestimmte Lebenserfahrungen lassen in uns Glaubenssätze wachsen, nach denen wir den Rest unseres Lebens ausrichten.

Es gibt nicht wenige Menschen, die es nie gelernt haben, allein zu leben. Sie wissen nichts Rechtes mit sich anzufangen, sie meinen, jemanden zu brauchen. Sie leben in der Illusion, nur zu zweit sei das Leben lebenswert. Das ist insofern gefährlich, weil diese Menschen sich zu sehr an andere anklammern. «Ich kann ohne dich nicht leben» ist ihr Motto; sie versuchen mit aller Macht oder mit subtilen Methoden den anderen unter ihrem Einfluß zu halten. Alles das gibt Anlaß zu Groll, Verletzungen, Kränkungen, angestauter Wut und Ärger.

Wie können wir diesen Circulus virtuosus durchbrechen? Wollen wir überhaupt neue Wege gehen? Oder sind wir vielleicht so geeicht, daß wir stur, ohne zu überlegen, ob es sinnvoll

ist, die Verhaltensmuster unserer Vorfahren und Eltern übernehmen?

Trauen Sie sich zu, eigenständig zu denken. Lassen Sie von
Ihren anerzogenen Vorstellungen, und probieren Sie, ganz frisch
und neu zu denken. Denken Sie nicht in alten, starren Formen
wie «Das ist gut», «Das ist schlecht», «Das kann ich nicht», «Der
andere macht mich unglücklich» oder «Die andere macht mich
glücklich».

Nehmen Sie mehr und mehr wahr, und legen Sie keine Deu-
tungen in die Wahrnehmung. Versetzen Sie sich in das Bewußtsein eines Menschen, der Ihnen ungute, feindliche Gefühle ent-
gegenbringt. Was ist in seinem Inneren los? Welche enormen
Ängste wohnen in ihm? Stellen Sie sich weiter vor, wie dieser
Mensch sich ändern kann, wenn ein tiefes Erkennen in ihm
erwacht ist. Seien Sie nachsichtig mit Ihrem Mitmenschen!

Geben Sie denen, die Sie verletzt haben oder verletzen, nicht
Gleiches mit Gleichem zurück. Sie begeben sich damit auf eine
Ebene der Verletzungen und verbalen Auseinandersetzungen.
Das ist eine Ebene der Unwissenheit mit all ihren Folgen, auch
karmisch gesehen.

Karma ist ein Netz der Beziehungen und Taten, der Intentionen, der Ursachen und Folgen. Diese Verflechtungen zu
durchbrechen ist möglich. Wir können uns aus diesem Netz,
das uns wie alte, klebrige Spinnfäden umfangen hält, befreien.
Jeder einzelne muß es für sich selber tun. Kein Mensch kann es
für einen anderen machen. Wir können nur dort ein Stück weit
Wegbegleiter sein, wo wir den Weg selbst schon gegangen sind.

Können Sie sich vorstellen, daß Sie einem Menschen verzeihen, der Ihnen Schmerz zugefügt hat? Ganz gleich, ob es physisch oder psychisch war? Es spielt keine Rolle, ob Sie miteinander verwandt sind oder nicht. Auf einer geistigen Ebene mag
eine Verwandtschaft bestehen, jedoch nicht auf der physischen,
oder umgekehrt.

Zwei Menschen, die sich in der Jugendzeit intensiv liebten,

konnten die Absicht haben, gemeinsam ein Kind zu bekommen. Kaum war das Kind gezeugt, überreichte das Leben ein Tablett mit massiven Problemen. Zum Beispiel: Die Mutter will das Kind, der Vater oder Erzeuger aber nicht. Oder die ehemals Verliebten erfahren eine extreme Abkühlung ihrer Gefühle. Oder keiner von beiden kann es sich mehr vorstellen, mit dem anderen zusammenzuleben.

Es gibt heutzutage nicht wenige Menschen, die von anderen als ihren leiblichen Vätern oder besser Erzeugern aufgezogen werden. Noch nie gab es außerdem so viele alleinerziehende Mütter. Es ist eine Tatsache, daß für viele Menschen ein intaktes Familienleben so etwas wie eine Sage aus früheren Jahrhunderten ist. Denken Sie einmal nach, warum das Leben immer komplizierter wird.

Die Menschheit ist einerseits aggressiv, andererseits hat jeder einzelne auch Mitgefühl in sich. Das ist eine Tatsache. Nur bei dem einen sieht und spürt man es schneller als bei einem anderen. Auch Menschen, die sich für andere «aufopfern», sind egoistisch! Sie fühlen sich nämlich nur wohl in der Rolle des Helfers und Retters.

Können wir lernen zu akzeptieren, daß wir aggressiv und egoistisch sind? Sind wir in der Lage, unsere Scheuklappen, unsere bunt gefärbten Brillen abzulegen? Wir tragen Brillen in den schillerndsten Farben, die alles ausfiltern, was ein dunkles, negatives Bild von uns entstehen lassen könnte. Wir tragen jede Menge Meinungen und Glaubenssätze in unserem Kopf spazieren. Wir und alle Menschen, ganz gleich, wo sie auf der Welt leben.

Wir sortieren die Menschen und Dinge nach unserem Wertesystem. Wir zerteilen die Welt, die Menschen in Puzzleteile. Der ist katholisch, der ist Moslem, der ist Jude, der ist Russe, der ist Amerikaner, der ist Schwarzer. Und zu jedem Teil gehören wieder bestimmte Annahmen und Voreingenommenheiten. Spielen Sie auch mit bei diesem Menschheitsspiel? Wir alle spielen mit. Arme und Reiche, Junge und Alte, Kluge und Dumme. Wie lange wollen wir noch spielen?

Jedes Kind macht sich Illusionen über seine Eltern. Ein Kind kommt auf die Welt, und die ersten Jahre sind die Eltern überlegen, körperlich und geistig. Das Kind gesteht ihnen viel Macht zu. Doch im Laufe des Größerwerdens erkennt das Kind nach und nach all die Schwächen und Fehler, die die Eltern haben. Später, im Erwachsenenalter, wiederholt sich der Vorgang, wenn wir uns verlieben und alle tollen Fähigkeiten und überhaupt alles Gute und Schöne in dem Partner sehen. Wir sind glücklich wie kleine Kinder, bis die Schleier der Verliebtheit sich auflösen und die knallharte Realität unsere Illusionen vertreibt.

Enttäuschung und Ernüchterung stellen sich ein. Es geschieht hauptsächlich in der Vor- und Hauptpubertät, daß wir ernüchtert «die Alte» oder «den Alten» durchschauen und uns auflehnen gegen das, was diese Menschen Erziehung nennen. Immer, wenn eine Enttäuschung erlebt wird, löst sich eine Täuschung auf. Täuschungen sind Gedankengebilde, die durch irreale Vorstellungen entstehen: Mein Vater ist der Stärkste, meine Mutter ist die beste Hausfrau, mein Freund ist der liebevollste Mensch auf der Welt, meine Freundin ist bildschön, die Bibel, der Koran hat immer recht und so weiter. Kinder sind süße, unschuldige kleine Wesen, und man muß alles tun, damit sie eine glückliche Kindheit haben. Doch ich war sicher nicht süß und unschuldig, denn ich hatte keine sehr glückliche Kindheit! Sind Ihnen solche oder ähnliche Gedanken vertraut?

Warum leben wir in dieser Welt, die so schön, voller Freude und Wunder ist, und sehen die Dinge, Menschen und Ereignisse durch einen von unserem Denken gewebten, dichten Schleier? Wann sehen wir einfach so – ohne zu denken? Wann nehmen wir alles wahr? Wahrnehmen bedeutet sehen und akzeptieren, so wie es ist. Jeder könnte es, kaum einer tut es.

Gibt es einen Weg aus all den Illusionen, Enttäuschungen

und dem damit verbundenen Leid? Warum sagen wir nicht: «Es ist, wie es ist»? Warum baden wir in Selbstmitleid, weil wir keine vollkommenen Eltern hatten oder Großeltern oder Lehrer? Das Leben ist so. Niemand wird dem anderen je total gerecht werden. Und dennoch ist es sehr oft so, als ob doch ein guter Geist seinen Einfluß in unserem Leben geltend machte.

In meinen Kursen frage ich immer die Teilnehmer, ob sie sich noch an Menschen erinnern können, die ihnen Gutes getan haben, die für sie wichtig waren. Bisher konnte jeder ein oder zwei Menschen nennen, die ihm Liebe oder Geborgenheit geschenkt oder etwas anderes Gutes für ihn getan hatten, die ihm etwas geben konnten, wozu die Eltern nicht in der Lage waren.

Manchmal überlegt man sich in einem ruhigen Moment: Wieso versuche ich ein gutes, anständiges Leben zu führen und bekomme doch keinen Lohn dafür? Für jeden Menschen gelten Regeln, die er sich vor seiner Geburt ausgesucht hat. Einer kann machen, was er will, er wird es in diesem Leben nicht zum Millionär bringen. Er hat sich vorgenommen, andere Qualitäten zu entwickeln. Ein anderer hat es sich ausgesucht, besonders komplizierte Lebensbedingungen zu erfahren. Nur so kann er Verständnis und Mitgefühl für seine Mitmenschen entwickeln.

Ob wir es glauben oder nicht, wir suchen uns die Bedingungen, Umstände, Begegnungen mit Menschen für ein zukünftiges Leben selber aus, bevor wir auf der Erde inkarnieren. Denken wir, jeder würde sich doch ein Leben in Reichtum und Gesundheit aussuchen, so unterschätzen wir uns Menschen. Wir vergessen häufig, was wir uns vor unserer Geburt vorgenommen haben. Das bringt dann die Unzufriedenheit in unser Leben. Wir sind auf einer höheren Ebene viel einsichtiger, als wir glauben. Nur auf der Ebene des Alltagsdenkens leuchtet uns das oft nicht ein.

Jeder ist lieber gesund und reich als arm und krank. Nur wissen wir nicht, daß wir im Falle einer leidvollen Inkarnation unser Karma viel schneller abtragen können, als wenn wir gemütlich und mit wenigen Problemen konfrontiert durchs Leben treiben.

Sicher ist nicht jede Inkarnation gleich schwer. Es gibt immer wieder mal eine ruhigere Inkarnation. Doch wir sollten aufhören, in Selbstmitleid zu versinken, und nicht mehr «die anderen» anklagen. Eine schwere Kindheit und Jugend, ein kompliziertes Leben sind Gelegenheiten, um zu lernen. Das Leben auf Erden ist nicht das Paradies und will es auch nicht sein. Es ist viel eher eine Schule mit unzähligen Möglichkeiten, zur Erkenntnis zu gelangen.

Eine schlimme Kindheit ist in der Regel ein hartes Überlebenstraining. Und haben nicht erstaunlich viele Menschen ihre Kindheit überlebt? Haben nicht unzählige Menschen Hunger, Kriege, Krankheiten und Grausamkeiten überstanden? Seit es die Menschheit gibt, werden wir mit diesen Themen konfrontiert. Wenn das alles so schrecklich ist, warum bleiben wir in unserem alten Denken verhaftet und führen dieses Erbe ad infinitum weiter?

Erst wenn in uns ein neues Denken wächst, wenn wir die Erkenntnisse der Schöpfungsgesetze nicht nur als gedankliche Turnübung ansehen, sondern danach leben, erst wenn wir uns ändern, und zwar radikal, von der Wurzel aus, wird es neues, anderes Leben geben.

Erst wenn wir die Karmagesetze gründlich erarbeitet haben und wenn diese eine lebendige Realität geworden sind, wird es das jahrtausendealte Elend nicht mehr geben. Wie sollen wir dorthin gelangen? Gehen Sie den Weg des Dharma!

Damit ist nicht eine vorgeschriebene, von Menschen gemachte und interpretierte Glaubensrichtung gemeint. Dharma ist die Religion der Liebe und umfaßt die Prinzipien der Liebe.

Stellen Sie sich vor, Sie hätten ein Herz voller Liebe und voller Mitgefühl, und Sie denken an Ihre Kindheit zurück.

Verzeihen Sie all denen, die Ihnen Unrecht taten, die Ihnen nicht das gaben, was Sie gebraucht hätten?

Erkennen Sie, wie arm diese Menschen waren? Sie suchten etwas, was sie nicht finden konnten, weil die Art und Weise, wie diese Menschen lebten, Barrieren zwischen ihnen aufbaute. Glauben Sie, mit einem erleuchteten Wissen hätten diese Menschen sich so und nicht anders verhalten?

Vielleicht entdecken Sie eines Tages, daß es Ihnen nicht mehr so wichtig ist, ob Sie eine glückliche Kindheit hatten. Sie leben im Hier und Jetzt und sind für Ihr Wohlergehen ganz allein zuständig. Geben Sie Ihrem inneren Kind die Geborgenheit und Zuverlässigkeit, die Sie sich gewünscht haben. Es hängt von Ihnen ab, ob Sie es zulassen, daß Sie gekränkt werden, oder nicht. Also, entscheiden Sie!

5
Konflikte und Gefühle

Glücklich oder unglücklich sind wir nicht durch unsere Lebenslage,
sondern durch unsere Einstellung zum Leben.

Hazrat Inayat Khan

Gibt es einen Menschen, der für Sie eine besondere Bedeutung
hat? Es ist möglich, daß ein solcher Mensch für Sie richtig-
gehend eine archetypische Gestalt verkörpert. In den meisten
Fällen ist das die Mutter. Die Mutter ist normalerweise der erste
Mensch, dem wir als Neugeborene begegnen. Immense Prägungen finden in den ersten Lebensjahren statt.

Es hat einen Einfluß auf unser Leben, ob die Mutter sich auf
ihr Kind freut. Jedoch hängt das natürlich von den Umständen
ab, in denen die Mutter lebt. Jeder Mensch möchte geliebt werden, möchte auf Erden willkommen sein. Für viele ist es leider
ein vergeblicher Wunsch.

Heute hat die Wissenschaft erkannt, daß ein Embryo auch
das Gefühlsleben seiner Mutter teilt. Die Vorfreude kann einen
Embryo prägen, so daß er sich willkommen fühlt, wenn er
geboren ist. Die Verzweiflung einer Frau, die schon viele Kinder hat, die vielleicht gesundheitlich angeschlagen ist und jetzt
wieder schwanger geworden ist, empfindet das kleine Wesen
ebenso.

Dieses Kind wird sich, wenn es auf die Welt kommt, anders
verhalten als das willkommene Kind. Daraus ergibt sich für die
zukünftigen Eltern eine Verantwortung, die nicht hoch genug
eingeschätzt werden kann. Heute wissen wir, daß ein Embryo
hört und fühlt und sehr genau mit der Mutter empfindet, was
diese in der Schwangerschaft erlebt. Finden Sie einmal heraus,
wie Sie sich fühlten, als Sie im Schoß der Mutter heranwuchsen.

Überprüfen Sie Ihre Gefühle, wenn Sie sich in einem Konflikt befinden. Die Art und Weise, wie Sie an Konflikte herangehen und wieviel Zeit Sie zur Lösung brauchen, hängt mit Ihrer Geburt zusammen. Die Zeitspanne, die Sie für eine Entscheidung brauchen, ist ähnlich lang wie die Zeit Ihrer Geburt. Wenn Ihre Mutter also nur wenige Stunden vor Ihrer Geburt Wehen hatte und Sie schnell und unkompliziert auf die Welt gekommen sind, werden Sie für Entscheidungsfindungen auch nur wenig Zeit benötigen.

Wenn wir annehmen, in der Kindheit intensiv geprägt worden zu sein, müssen wir uns die Frage stellen, ob wir uns völlig von elterlichen Prägungen befreien können. Kennen Sie einen Menschen, der für andere dasselbe empfindet wie für seine Eltern? Sollten wir nicht allen Menschen gleichermaßen Achtung entgegenbringen? Moses empfing auf dem Berge Sinai die zehn Gebote; eines davon lautet: «Du sollst Vater und Mutter ehren.» Was ja soviel heißt, wie ihnen Achtung entgegenzubringen.

Ein anderer Gedanke wird im tibetischen Buddhismus gepflegt. Im Laufe der unendlichen Inkarnationen, so sagen sie, war jeder schon einmal deine Mutter. Achte also auch jeden Fremden, du weißt nicht, ob er nicht irgendwann einmal deine Mutter gewesen ist. Inkarnationen sind deine Chance, geistig zu wachsen; du begegnest durch viele Leben immer wieder auch denselben Menschen.

Auch du warst immer wieder Mutter oder Vater für andere Menschen. Ein Kreislauf des Lebens ist das, ein Fortschritt der Erkenntnisprozesse. Ein jeder hat seinen Anteil daran. Eine Mutter ist das Verbindungsglied zwischen der geistigen und manifesten Welt. So ist es nie ein Zufall, welche Mutter man hat oder welches Kind eine Mutter bekommt. Sie suchen einander vor der Inkarnation aus, nämlich für einen Zweck: sich gegenseitig Hilfe zu geben in der geistigen Entwicklung – weil ein Kind einer Mutter das Höchste abverlangen kann an Selbstbeherrschung, Fürsorge und Geduld.

Beide entwickeln in diesem gemeinsamen Leben Eigenschaften, die nur unter diesen Bedingungen möglich sind. Seien
wir dankbar, daß wir eine Inkarnation erreicht haben. Sie ist
ja nicht so leicht zu erlangen. Wenn man bedenkt, was alles
zusammenkommen muß, bis es bis ins letzte stimmt und die
Umstände für uns passend gestaltet sind! Das Ganze ist ein
großes, weisheitsvolles Gebilde, das für unsere und für die
Bedürfnisse unserer Mitmenschen maßgeschneidert wird.

Eilen wir durch unser Leben, ohne das alles je bedacht zu
haben, so tun wir uns und unseren Eltern Unrecht. Es liegt eine
große Weisheit in dem Ganzen. Denn ein Mensch hängt in seinem Leben immer von anderen ab, von Vater und Mutter oder
von Geist und Materie. Ganz fein ist ein Netz von Fäden verwebt, wo alle Leben aus allen Zeiten miteinander verknüpft
sind. Die Erfahrungen vieler Zeiten und Generationen verbin-
den sich, setzen sich fort, formen ein Gebilde aus Wellen von
Energie, die wiederum mit Teilchen lichtvoller Intelligenz erfüllt sind.

Eine menschliche Inkarnation ist ein Wunderwerk an Präzi-
sion. Fragen Sie sich einmal, warum Sie das bisher so wenig
geschätzt haben. Vielleicht, weil die Dimensionen, in denen Sie
bisher dachten, so eng und begrenzt waren? Vielleicht, weil eine
sehr enge persönliche Sicht Sie daran hinderte, sich eine andere
Perspektive zu eröffnen?

Sie können sich von Ihren Kindheitsprägungen befreien, es
erfordert nur eine gründliche Arbeit im Denken, im Wahrnehmen und Erkennen von Zusammenhängen. Tun Sie sich einen
Gefallen, und gehen Sie an das Thema nüchtern und sachlich
heran. Sentimentalität ist hier nicht gefragt; sie würde das Ganze
nur verzerren.

Eine hohe Ebene des Denkens müssen Sie einnehmen, von
der aus Sie alles in einem Licht der göttlichen Weisheit erkennen
können. Seien Sie heilig gestimmt und nüchtern und realistisch
zugleich. Eine Erkenntnis wächst oft über Jahre, und man be-

kommt immer nur soviel Erkenntnis, wie man die Kapazität hat, damit zu leben und umzugehen. Richten Sie sich in einer Welt ein, die wunderschön, aber auch vergänglich ist. Eine buddhistische Weisheit sagt: «Alles, was geworden ist, muß vergehen. Was einen Anfang hat, hat auch ein Ende. Nichts ist von Dauer.»

Es ist eine Tatsache, daß wir alle Geistwesen sind und daß wir zeitweise einen Körper haben und einige Lektionen auf dem Planeten Erde lernen wollen. Und immer wieder heißt es loslassen, von der Kindheit, der Jugend, von geliebten Menschen, vom Körper, von Dingen, die einem lieb und teuer sind, auch von Tieren, die einem oft sehr nahestehen.

Das erleben nicht nur Sie so, sondern alle Menschen. Unsere Eltern und Großeltern haben das erlebt, und unsere Kinder und Kindeskinder werden damit konfrontiert werden. Wäre es nicht ein blödsinniges Spiel, wenn alles willkürlich, zufällig wäre und weiter nichts als ein Schabernack der Götter? Wir wären Spielbälle in den Händen höherer Mächte und könnten nie wissen, welchen guten oder bösen Scherz diese demnächst wieder mit uns vorhätten.

Empfinden Sie in Ihrem Leben eine innere Kraft und Führung? Erkennen Sie ein gewisse Logik in allem? Sehen Sie, wie sich die Mosaiksteinchen zueinander finden und Ihr Lebensbild immer stimmiger und vollkommener wird, je älter Sie werden? Es gibt so etwas wie eine innere Führung. Für die einen ist das die innere Stimme, die Stimme des Gewissens, für andere «mit sich im Einklang sein».

Unsere innere Führung ist ein spiritueller Teil unseres Unbewußten, der mit der geistigen Hierarchie verbunden ist. Es ist unsere freie Entscheidung, ob wir der inneren Stimme vertrauen und ihr Raum geben. Gegen unsere Entscheidung werden wir zu nichts gezwungen. Im Gegenteil, es gibt immer einen Weg, den wir gehen können. Nur daß es bessere und schlechtere Wege gibt, in dem Sinne, daß manche Wege Umwege sind, manche unbequemer, manche angenehmer und manche anstrengender. Die unbequemen und anstrengenden Wege führen gewöhnlich schneller zum Ziel.

Die Entscheidung, welchen Weg wir gehen wollen, treffen wir allein. Oft ist ein guter Vater für uns ein frühes Vorbild dafür, wie man Entscheidungen trifft und wie man Schwierigkeiten auf dem Lebensweg begegnet. Ein Vater ist uns das erste männliche Vorbild. Er prägt als erster Mann, den wir von klein auf erleben, unser Bild vom Mann, vom Vater und vom männlichen Partner. So wie er sich der Mutter gegenüber verhält, wird in uns ein Bild entstehen, wie «ein Mann sich zur Frau verhält».

Was ist aber, wenn der Vater uns kein positives und starkes Bild vermittelt? Was ist, wenn er, weil er selbst ein negatives Bild von seinem Vater bekommen hat, schwach ist oder gewalttätig (als Kompensation für seine Schwäche)? Wir müssen nicht unser ganzes Leben mit einem einmal gegebenen Vaterbild verbringen. Zu fast jeder Zeit haben wir die Freiheit, uns ein Vaterbild zu gestalten, das unserem Ideal besser entspricht. Es erleichtert die Arbeit, wenn wir vorher das alte Bild aus einer neuen Perspektive sehen lernen.

Gesetzt den Fall, Sie haben einen Vater, der unentschlossen war, der Entscheidungen vor sich her schob und am liebsten Verantwortung anderen überließ. Vergessen Sie einmal, daß Sie als Kind darunter gelitten haben. Betrachten Sie die Lebensgeschichte Ihres Vaters. Hatte er viele Geschwister? War er ein Kind unter vielen, und bedeutete es in der Familie nichts, ob er eine Meinung hatte und sie äußerte oder nicht?

Oder hatte er einen dominanten Vater, der ihm nur befahl, was er machen sollte? So hat er nie gelernt, seine eigene Meinung zu entwickeln. Er durfte keine eigenen Entscheidungen treffen und auch nicht die Verantwortung dafür übernehmen. So hat er eine Programmierung erfahren, die für den Rest seines Lebens wirkte und in ihm sehr viel Angst aktivierte, wenn er etwas entscheiden sollte.

Zeichnen Sie einmal eine gerade Linie auf ein leeres Blatt

Papier. Ein Ende ist die Gegenwart, das andere die Zukunft. Nehmen Sie sich ein kleines Ziel, das Sie in naher Zukunft erreichen möchten. Dann unterteilen Sie die Linie in kleine Abschnitte. Das sind die einzelnen kleinen Schritte zum Ziel. Und dann entwerfen Sie einen Plan, wie Sie sinnvoll und leicht Schritt für Schritt Ihr Ziel erreichen können.

Nehmen wir an, Sie möchten, daß es Ihnen gutgeht, daß Sie zufrieden im Leben sind. Hat Sie bisher jemand gefragt: «Wie geht es Ihnen?», dann haben Sie geantwortet: «Miserabel, schlecht, mies.» Abgesehen davon, daß außer dem behandelnden Arzt keiner hören will, wie es Ihnen wirklich geht, können Sie auch nicht erwarten, daß jemand für Sie Zeit aufbringt, um Ihre Klagen zu hören. Vielleicht sind viele es auch schon gewöhnt, daß Sie immer klagen. Vielleicht hatten Sie es bei Ihren Eltern oder Großeltern erlebt, daß diese mit dem Älterwerden immer mehr klagten.

Nehmen Sie sich für das nächste Mal vor, daß Sie auf die Frage, wie es Ihnen geht, positiv antworten werden: «Danke gut, bestens.» Sie werden die Erfahrung machen, daß es Ihnen nach und nach tatsächlich besser geht. Nächsten- und Selbstliebe wird uns in der Bibel geraten, doch von Selbstmitleid werden Sie in den Schriften nirgends etwas finden. Wir Menschen neigen aber alle auch zu Selbstmitleid.

Doch das Selbstmitleid entwickelt sich zu einem Gift, das unser klares Denken verwirrt, unsere Sicht verschleiert und uns in einem üblen, trüben Gefühlssumpf langsam ersticken läßt. Erinnern Sie sich noch daran, wie es war, als Ihnen jemand vor langer Zeit einmal Unrecht getan hat? Haben Sie es in Erinnerung, als ob es gestern gewesen wäre? Es gibt Menschen, die es anderen sogar übelnehmen, wenn diese sterben! Als ob diese nur die Welt verlassen hätten, um die armen zurückgelassenen Menschen zu verletzen.

Können Sie verzeihen? Man sagt doch oft, nur ein Mensch, der zu sich selbst gut ist, kann auch zu anderen gut sein. Wie wäre es, wenn man sagen würde, nur ein Mensch, der sich selbst verzeiht, kann auch anderen verzeihen? Da es unzählige Menschen gibt, die anderen für irgend etwas grollen, können wir sicher sein, daß es fast genau so viele gibt, die sich selber nicht verzeihen können.

Vielleicht haben diese Menschen unzählige Male Gott um Verzeihung gebeten. Doch sie sind so gefangen in ihren Gedanken und Schuldgefühlen, daß sie gar nicht merken, daß Gott ihnen längst verziehen hat. Nur sie selber kleben noch in ihren alten Gefühlen und Mustern fest.

Jemand hat einmal gesagt, daß für einen Menschen das Schicksal erträglich sei, wenn er sein Leben in den Dienst einer höheren Idee oder eines Ideals stelle. Für die meisten ist das kaum immer machbar. Findet man nicht eine Aufgabe im Leben, in der man für andere hilfreich sein kann, stellt man seine ganze Tätigkeit und oft auch sich selbst in Frage. Es wäre interessant, eine Umfrage zu machen, wie viele Menschen mit ihrer Arbeit wirklich zufrieden sind.

Überlegen Sie einmal, ob Sie nicht auch schon Menschen begegnet sind, die innerlich unzufrieden waren. Haben Sie bemerkt, daß viele Kommunikationschwierigkeiten auch mit der Unzufriedenheit der Menschen zusammenhängen? Die innere Unzufriedenheit gibt einem Menschen ein Gefühl von Mangel, und dieser Mangel beeinflußt die Sichtweise und das Vertrauen, das der Mensch in sich und in andere hat. Ein zufriedener Mensch ist in sich ruhend und gelassen, ein unzufriedener steht unterschwellig unter Spannungen. Unbewußt ist er immer «auf dem Sprung».

Er liegt sozusagen immer auf der Lauer, daß ihm genau das begegnet, woran er Mangel hat. Begegnet ihm das, will er es einfangen und für sich behalten, um seinen Mangel auszugleichen. Daß das nicht funktioniert, weiß der arme Mensch nicht. Die idealen Umstände gibt es nicht im Leben, für niemanden. Eine der Aufgaben, die wir uns als Menschen ausgesucht haben, ist, eine Haltung gegenüber den Umständen zu entwickeln, die uns selbständig und damit unabhängig macht.

In unseren Handlungen zeigt sich unser Geisteszustand. Ein Mensch, der sich großzügig anderen gegenüber erweist, muß nicht unbedingt ein spiritueller Mensch sein. Ebenso kann ein Mensch, der nach außen hin fröhlich erscheint, in seinem Inneren todtraurig sein, nur daß er seinen Zustand keinem zeigen möchte und nach außen eine Maske trägt. Wir können es uns zur Gewohnheit machen, uns nicht mit dem Anschein zufriedenzugeben, sondern immer tiefer schauen zu lernen. Wie Pir Vilayat, der Sufimeister, in einem Vortrag wiederholt sagte: «Das erkennen, was durchscheint durch das, was erscheint.»

Wir erleben immer wieder Situationen, wo wir fast überfordert sind, weil wir uns Reaktionen von Partnern und Mitmenschen absolut nicht erklären können. Gestern war eine problemlose Kommunikation noch möglich, und heute gibt es bei der geringsten Kleinigkeit Probleme. Wir müssen dann nüchtern bleiben und nicht für alles uns selbst die Schuld geben. Besser ist es, in einer ruhigen Stunde das Verhalten aller Beteiligten zu erforschen.

Es ist möglich, daß der andere über lange Zeit Argumente angesammelt, Gefühle und Bedürfnisse unterdrückt hat und nun nach dem Prinzip «Dampftopf» den Überdruck unerwartet herauszischen läßt. In dem Augenblick, in dem wir die Hintergründe erkennen, warum ein Mensch sich so verhält und nicht anders, bekommen wir ein viel größeres Verständnis für ihn und seine Reaktionen.

Wenn wir Verständnis haben, wenn wir Zusammenhänge erkennen, nehmen wir auch nichts mehr so persönlich. Wir können aus dieser neuen Perspektive dem anderen nicht mehr grollen, wir verzeihen eher, so, wie wir einem kleinen Kind etwas verzeihen. Wir befreien uns aus alten Erziehungsmustern und entwickeln inneres Verständnis und Wohlwollen für unsere Mitmenschen.

6
Himmel kann auch ein Zustand sein

Alles, was lebt, ist Geist; alles, was stirbt, ist Materie.
Hazrat Inayat Khan

Fragen wir uns, was Leben ist, so entdecken wir, daß es unendlich viele Antworten gibt. Jeder wird, je nach seinem intellektuellen und geistigen Vermögen, eine Antwort finden. Manche sagen sicher: «Ich weiß es nicht.» Und das ist gewiß die Wahrheit. Auch Buddha sprach von der Unwissenheit der Menschen, die ihnen soviel Leid im Leben zufügt.

Leben hat einen Aspekt des Werdens, und das, was wir Sterben nennen, ist in Wahrheit nur eine transformierende Form des Lebens. Es gibt keinen Tod, wie ihn manche Menschen verstehen. Normalerweise wird ein Mensch alt, der Körper wird hinfällig, und irgendwann tut der Mensch den letzten Atemzug; man sagt dann, er sei gestorben. Der Körper vergeht, nichts ist mehr von dem Menschen vorhanden. Nur in der Erinnerung seiner Mitmenschen lebt er noch eine Weile weiter. Ist es so?

Das Leben ist ein Fluß von Energie, ein Zusammenspiel von lichten und dichten Schwingungen, eine Symphonie von schönen, harmonischen und spannenden, teilweise disharmonisch anmutenden Ereignissen. Unser Leben würde uns bald langweilig werden, wenn es nur eine sich wiederholende harmonische Sequenz gäbe.

Leben ist Entstehen, Werden und Wandlung. Ein Mensch wird geboren und vergißt meistens seine himmlische Heimat; er vergißt seine früheren Leben und alles, was er je erfahren hat. Dann wächst er heran und sehnt sich nach etwas, wovon er nicht weiß, was es ist. Er begibt sich auf die Suche und weiß doch nicht genau, wonach er sucht.

Das erinnert an den Brauch zu Ostern. Einem Kind werden Ostereier versteckt, und es muß sie finden. Je größer das Kind wird, desto schwierigere Verstecke wählen die Eltern für die Eier. Das Kind rennt hierhin und dahin, es sucht und gibt nicht auf. Manchmal hat es Glück und findet ein Ei oder einen Schokoladenhasen, oder es hat sich geirrt, und an der Stelle, wo es suchte, war nichts. So suchen wir unser ganzes Leben nach Glück und Erfüllung, doch es ist letztlich vergebliche Liebesmühe; alles Glück vergeht schneller, als es gefunden wurde.

Zu jedem Leben gehört auch das Sterben. Mit dem ersten Atemzug, den wir auf Erden tun, erwerben wir die Rückfahrkarte in unsere himmlische Heimat. Für viele Menschen ist das ein Gedanke, der so lange wie möglich zur Seite geschoben wird. Es ist für viele undenkbar, daß von einem Augenblick zum nächsten dieser Körper aufhören könnte zu existieren, daß dieses Denken beendet sein sollte, daß das Fühlen, hauptsächlich das lustbetonte, vorbei sein sollte.

Wer ist denn da so entsetzt, daß das Erdenleben nicht ewig dauert? Es ist nichts weiter als das menschliche Ego. In der Regel identifiziert sich der Mensch mit seinem Körper und seinem Ichgefühl.

In dem Moment, wo wir erkennen, daß wir Geistwesen sind und nur temporär einen physischen Körper besitzen, wird unser Denken und Fühlen sich verändern. Dann entsteht in uns die Sicherheit, daß wir unsterblich sind. Wir lernen in anderen, größeren Dimensionen zu fühlen und zu denken. Unsere Horizonte weiten sich, wir bekommen, geistig gesehen, einen längeren, tieferen Atem und einen weiteren Horizont.

Es ist ein langwieriger Prozeß, durch den wir gehen, immer in der Achtsamkeit und Wachheit eines Menschen, der sich auf neue, unbekannte Territorien vorwagt. Wir werden ewig leben, und unsere Gotteserfahrung wird immer intensiver werden.

Viele Menschen geraten in euphorische Zustände, wenn sie kleine mystische Erfahrungen machen. Je weiter man jedoch auf dem geistigen Weg fortschreitet, desto größere Nüchternheit und Achtsamkeit wird verlangt. Euphorie ist hier fehl am Platz. Je weiter wir uns auf dem Wege fortbewegen, desto intensiver setzt in uns ein Wachstumsprozeß ein, und wir werden immer mehr Teil dessen, was wir erfahren und erkennen. Es wird uns alles vertrauter und selbstverständlicher.

Gott ist Liebe in all seinem Sein. Das sollte auch unser Ziel sein. Jeder Schritt, den wir in dem Bewußtsein tun, im Dienste oder Auftrag eines göttlichen Höheren zu stehen, führt uns in eine höhere Dimension. Wir können gewiß sein, von geistigen, großen, liebevollen Helfern betreut und geführt zu werden.

Schauen wir uns die geistigen Prinzipien an, so können wir den Himmel als einen geistigen Zustand betrachten, der in sehr feine, hohe und höchste Schwingungen reicht. Himmel ist in diesem Sinne nicht unbedingt ein Ort. Die Menschen vor uns sahen in die unendliche Weite des Himmels, der für sie geheimnisvoll und grenzenlos war, und sie nahmen diesen Himmel als Symbol für die feinstofflichen Welten, für die es nichts Vergleichbares gab.

Himmel ist ein Zustand, den man erreichen kann, wenn man einen langen Weg der Prüfungen zurückgelegt hat. Nicht jeder, der stirbt, erfährt sogleich «den Himmel». Nicht jeder wird gleich nach seinem Tod ein Engel. Stirbt ein egoistischer oder unwissender Mensch, so ist er nach dem physischen Tod intensiv den Schwingungen ausgesetzt, die er durch sein Tun im Leben in Gang gesetzt hat. Je nachdem, was er getan hat, kann das sehr quälend sein. Indem der Mensch durch diesen Prozeß geht, erfährt er kurz und intensiv das, was er anderen angetan hat. Vielleicht ist es das, was die katholische Kirche mit Fegefeuer bezeichnet.

Für den Verstorbenen ist das ein Reinigungsprozeß, der das Gröbste aus seinem Karma herauslöst. Für viele bedeutet es ein

Erwachen aus Illusionen und Vorstellungen, die sie sich das ganze Leben gemacht hatten. Zusammen mit diesem Prozeß wird die Aura des Menschen gereinigt durch die Reue und durch Erkenntnisse, die der Mensch erfährt. Harmonie und Ruhe tritt erst ein, wenn seine Schwingungen gereinigt und, man könnte fast sagen, wieder justiert worden sind. Der Mensch sieht dann die Zusammenhänge und kann Ursachen und Wirkungen erkennen.

Er macht sich nun geläutert und mit neuen Einsichten auf die nächste Etappe seiner Entwicklung. Hier erfährt er die Unterschiede der einzelnen Himmel. Das heißt, daß er vielleicht eine nächste Stufe kennenlernen wird.

Die Welten von Licht sind von verschiedener Qualität. Es gibt strahlend helle Welten und viele Ebenen dazwischen, mit Graden von unterschiedlicher Lichtqualität. Licht bedeutet hier auch Geist, Erkenntnis, Schwingung. Auch die Gefühle hängen von diesen Graden ab. Ein hohes Geistwesen ist in allen Ebenen zu Hause und betreut gleichzeitig diejenigen, die sich nur in den unteren Ebenen aufhalten können, weil sie die feineren Schwingungen nicht ertragen würden.

Untere Ebenen haben eine viel stärkere Dichte als die höheren. Die Emotionen werden mit jeder Ebene feiner und feiner. Unvollkommene Wesen finden sich auf den niederen Ebenen zusammen. Dort werden sie nach und nach einem Erkenntnisprozeß unterzogen. Sie läutern sich, ihr Fühlen und Denken wird mehr und mehr wohlwollend für alle fühlenden Wesen. Sie empfinden oft Bedauern für das, was sie taten, und haben doch im Moment keine Chance, es wiedergutzumachen.

Das ist unter anderem der Grund, warum ein Mensch dann wieder inkarnieren will. Es geschieht, um seine Schuld abzutragen, sich gegen andere Wesen wohlwollend zu verhalten und sein Unrecht wiedergutzumachen. Die Hölle bereitet der Mensch sich selbst. Es sind die Auswirkungen seiner eigenen Taten, die er nach seinem Ableben erfährt.

Fragen wir uns, ob das Leben nur aus Höhen und Tiefen besteht; aus Essen, Schlafen, Arbeiten und dem übrigen, was der Mensch so in seinem Leben anstellt? Was ist mit all den großen und kleinen Problemen, die wir uns größtenteils selbst machen und von denen wir doch meinen, daß die anderen schuld daran sind? Was ist mit Schuldgefühlen, die wir so schrecklich lange mit uns herumtragen, die uns quälen, die uns unser Selbstwertgefühl und teilweise unsere Nachtruhe rauben?

Können wir von irgendwo Antwort bekommen, wie wir es anders, besser machen können? Wer kann uns helfen?

7
Fragen an die geistigen Meister

Ich habe mit Hilfe meines spirituellen Führers Hazrat Inayat Khan einen Fragenkatalog erarbeitet, der meiner Meinung nach wichtige Fragen für unser Leben enthält, und durfte dazu einige Meister aus der geistigen Welt um Antwort bitten. Die zwölf Fragen lauten:

- Was ist im Leben wichtig?
- Was ist Karma?
- Was ist Gnade?
- Suchen wir uns unser Schicksal vor der Inkarnation selbst aus?
- Ist unser Leben vorbestimmt?
- Wie geht das Sterben vor sich?
- Was ist Tod?
- Was kommt nach dem Tod?
- Wie oft inkarniert ein Mensch?
- Wie kann ein Mensch einem anderen verzeihen?
- Wie kann ein Mensch sich selbst verzeihen?
- Was ist Freude?

Zum Abschluß des Gesprächs haben mir einige der Meister noch Übungen empfohlen, die ich an Sie weitergeben soll.

Häuptling Weißer Wolf

Mein erster Gesprächspartner, Häuptling Weißer Wolf, wurde im Jahre des Wolfes – nach unserer Zeitrechnung 1621 – in Feuerland (Argentinien) geboren.

Weißer Wolf: Den Namen bekam ich, weil ich zur Zeit meiner Geburt als erster Sohn des Häuptlings am ersten Tag des Jahres des Wolfes geboren wurde. Eine Wölfin brachte ein Junges, das ein ganz weißes Fell hatte, in unser Lager. Wahrscheinlich wollte sie es in Sicherheit bringen, weil es so ungewöhnlich aussah. Es wurde gezähmt und wuchs mit mir zusammen auf.

Frage: Was ist im Leben wichtig?

Häuptling Weißer Wolf: Im Leben ist es wichtig, einen Mittelpunkt zu haben, einen Platz, wo ein Heiligtum ist. Je nach Religionszugehörigkeit kann man sich auch einen Meister oder Heiligen als Vorbild nehmen und dann in seinem Leben versuchen, die Liebe, die dieser Meister ausstrahlt, selbst zu entwickeln. Es ist wichtig, im Leben die reine Liebe für alle Geschöpfe zu entfalten; das schließt Pflanzen und Tiere und die übrige Natur mit ein.

Die Macht der Liebe kann Wunder bewirken. Schwerer als Neid und Gier wiegt der Haß. Es ist ein schrecklicher Zustand, wenn man finster und voller Haß ist. Prüfe dein Herz, ob es licht ist. Laß keine dunklen Wolken darin wohnen. Unterhalte keine schädlichen Phantasien. Sei achtsam wie der Indianer auf der Pirsch. In jeder Situation ist er voller Achtsamkeit. Er bleibt gelassen und gleichzeitig hellwach. Er ist sich jeder Körperbewegung, ja jedes Gedankens und jeder Emotion bewußt. Gleichzeitig ist er innerlich so klar und ruhig wie ein See und befindet sich im Einklang mit seiner Umwelt und der Natur, die ihn umgibt. Es ist gut, wenn du deinen Mitbrüdern hilfst und keine Ideen verwirklichst, die für irgend jemand schädlich sein können.

Scheue keine Hindernisse, denn sie machen dich stärker. Ein Mensch ist keine Maschine; habe Achtung vor den Gefühlen des anderen. Gehe lieber in die Einsamkeit, als dich mit schlechter Gesellschaft abzugeben. Sei jeden Tag dankbar für dein Leben. Es gibt dir eine große Chance, in deinem Innern, in deinem Geist zu wachsen.

Frage: Was ist Karma?

Häuptling Weißer Wolf: Du fragst, was Karma ist. Es ist das Rad des Lebens. Du vollziehst eine Handlung, und in vielen Jahren erlebst du etwas, was immer noch mit dieser Handlung zusammenhängt. Es kann sein, daß du einem verrückten Hund eine Tracht Prügel gibst, und nach dreißig Jahren kommt plötzlich ein verrückter Hund daher und beißt dich. Karma ist das Umsetzen von Schwingungen. Rad nennt man es, weil es rund ist und sozusagen um dich herumläuft, um dich schließlich wieder zu treffen.

Frage: Was ist Gnade?

Weißer Wolf: Auf die Frage, was Gnade ist, kann ich dir folgendes sagen: Gnade ist Karma, das gestoppt wird durch den Einfluß von gutem Tun oder durch höhere Mächte.

Frage: Suchen wir uns unser ganzes Leben aus?

Häuptling Weißer Wolf: Nein, wir haben nur eine ungefähre Ahnung, was wir erreichen wollen. Doch wir suchen uns unsere Eltern aus. Das zu wissen, kann für viele Menschen hilfreich sein, weil sie dann nicht mehr so viele Vorwürfe gegen ihre Eltern erheben.

Frage: Ist unser Leben vorbestimmt?

Häuptling Weißer Wolf: Nein, dagegen spricht unsere Entscheidungsfreiheit. Wir sind frei, ein heilsames Leben zu führen oder auch nicht. Wir entscheiden es in diesem Leben für uns selbst.

Frage: Wie kann ein Mensch verzeihen?

Häuptling Weißer Wolf: Liebe und Verständnis sind die Schlüssel zum Herzen des anderen. Verzeihen bedeutet einzusehen, daß wir immer unseren Teil Schuld an der Sache mittragen.

Frage: Wie kann ein Mensch sich selbst verzeihen?

Häuptling Weißer Wolf: Der Mensch darf sich nicht so wichtig nehmen. Eine ungute Tat kann durch eine gute Tat wiedergutgemacht werden. So ist es wichtig, nicht dieselbe schlimme Tat zu wiederholen, wenn man erkannt hat, mit welcher Intention man sie begangen hat.

Es ist kein Hinderungsgrund, Gutes zu tun, nur weil man arm ist. Sei auch liebevoll zu dir und der gesamten Schöpfung. Vergiß nicht: Du bist Teil von ihr. Richte dich nach deinen älteren Brüdern und Schwestern, die dir aus der unsichtbaren Welt Hilfe anbieten. Sei gut und liebevoll in deinem Denken, Fühlen und Tun, und die Geschöpfe der Erde werden dir wohlgesinnt sein.

Frage: Bitte sage mir etwas über die Freude.

Häuptling Weißer Wolf: Freude ist ein Zustand, der für die meisten Menschen immer nur sehr kurze Zeit andauert. Es ist ein Sichvergessen mit dem Gefühl, über sich hinausgehoben zu werden, grenzenlos zu werden und sich vom Großen Geist durchdrungen zu fühlen.

Ich meine nicht den Spaß, der mit weltlichen Dingen zu tun hat, sondern Freude. Wie erweckt man diese Freude? Der Mensch öffnet sich feineren, höheren Schwingungen. Du stehst zum Beispiel am Meer und siehst, wie die Sonne langsam aus dem Meer aufsteigt. Du trinkst dieses Farbenspiel des Himmels mit all deinen Sinnen und mit deiner Seele; du wirst eins mit dem Himmel, dem Meer, der Sonne, und du wirst Teil der Freude. Du hast in dir die heiligen Gefühle der Erhabenheit erweckt. Hast du das schon einmal erlebt?

Gib einem Menschen die Gelegenheit, in der Natur zu sein, sich den Kräften der Natur zu öffnen und sich einzupassen in die Schwingungen der Natur. Er wird Heilung an Leib und Seele erfahren. Mit dem Heilwerden reinigt sich auch immer mehr sein Energiefeld. Die Natur nimmt ihm viele dunkle Gedanken und Gefühle ab; sie hilft ihm, seine Aura von alten Ängsten und unnützen Verhaltensmustern zu säubern.

Darum fahren ja so viele Menschen gerne in den Urlaub, besonders Stadtmenschen. Sie suchen Sonne und Natur, und sie tanken wirklich die reine Energie aus der Natur, aus allen Elementen: Erde, Luft, Wasser, Feuer (Sonne). Und hast du bemerkt, daß sich die Erwachsenen im Urlaub oft wie Kinder benehmen? Kinder können sich viel leichter freuen, und die Erwachsenen geben auf diese Weise ihrer unbewußten Freude Ausdruck.

Einem Menschen Freude machen kannst du, wenn du ihn so akzeptierst, wie er ist, ohne daß du selbst so werden mußt wie er. Es ist ein Gefühl von Brüderlichkeit / Schwesterlichkeit, das du ihm vermittelst. Du sollst auch seine Wünsche und Sehnsüchte verstehen. Glaube nicht, daß die Erfüllung eines Wunsches unbedingt Freude bringt. Die wenigsten erkennen, was alles mit der Erfüllung eines Wunsches verbunden sein kann. Es gibt einen Ausspruch: «Sei vorsichtig mit dem, was du dir wünschst – es könnte in Erfüllung gehen.»

Oft kehrt sich die langersehnte Erfüllung eines Wunsches später ins Gegenteil um. Freude ist zufrieden sein mit dem, was ist und was man hat, offen zu sein, mit der Natur zu leben und in ständiger Verbindung mit dem Großen Geist zu bleiben.

--------------------------------- ✌ ---------------------------------

Übung

Werde ganz ruhig, stelle eine feuerfeste Schale mit trockenem Salbei auf den Altar, lasse sie sanft glimmen und zünde eine Kerze an. Atme tief die reinigenden Rauchschwaden des Salbeis ein. Sitze ruhig und bete zum Großen Geist, daß er zu dir komme. Atme gut, ruhig und tief. Mit jedem Atemzug nimmst du tiefer die unendliche Liebe und Güte des Großen Geistes in dich auf. Achte darauf, was das in deinem Körper bewirkt. Denke mit jedem Atemzug:

> *Der Große Geist umhüllt mich mit Liebe.*
> *Der Große Geist durchdringt mich mit seiner Liebe.*
> *Ich bin erfüllt vom Großen Geist, kosmische Liebe ist in mir*
> *für alle Menschen, alle Tiere, alle Pflanzen,*
> *für die Mutter Erde, für das Wasser, für das Feuer,*
> *für die Luft.*

Spüre, wie dein Herz sich weitet, bis es den ganzen Kosmos in sich trägt. Du hast Teil an der unendlichen Liebe und Barmherzigkeit des Schöpfers und seiner großen Diener. Du bist kleiner Bruder, kleine Schwester in der Schöpfung. Wir, die älteren Brüder, helfen euch, den Pfad des friedvollen Kriegers zu gehen. Und wir sind stolz auf euch, wenn ihr lernt, die Zeichen der Schöpfung zu lesen und zu deuten. Keiner ist weniger wert als der andere, keiner mehr. Jeder ist für den anderen wichtig.

Die meisten haben in ihren früheren Leben auch einmal als Indianer gelebt. Es gibt keinen, der nicht lernen kann, wie man liebevoll und ehrlich mit seinen Brüdern und Schwestern lebt. Sei geduldig mit dir, dann bist du es auch mit den anderen; übe es jeden Tag ein bißchen mehr. Für einen Krieger gilt: Laß deinem Feind eine Chance, sein Gesicht zu wahren. Sei machtvoll, indem du großzügig bist.

K. D. S., hoher tibetischer Lama und geistiges Oberhaupt

Frage: Was ist wichtig im Leben?

K. D. S.: Achtsamkeit im Denken, Fühlen und Tun. Es ist nicht so wichtig, intelligent zu sein im Sinne von viel wissen, sondern es ist wichtiger, eine reine Intention zu haben. Es ist heilsam, eine Leichtigkeit des Geistes zu haben oder zu entwickeln. Und jeden Tag sollte man seine Zuflucht zu den drei Juwelen nehmen. (Die drei Juwelen sind Buddha, Dharma und Sangha.)

Frage: Was ist Karma?

K. D. S.: Karma ist das unbestechliche Gesetz von Ursache und Wirkung. Es läßt sich nicht verstecken noch verfälschen. Genau wie eine Uhr die Zeit anzeigt, so zeigt eine Aura das Karma an. Für viele Menschen ist Karma etwas, was nur östliche Religionen behandeln. Für sie gelten andere Gesetze, so glauben die westlichen Menschen. Doch dem ist nicht so. Das Karmagesetz ist ewig und zeitlos. Es kann auf jeden angewandt werden. Jeder hat auch die Möglichkeit, an seinem Karma zu arbeiten. So ist Karma jederzeit wandelbar.

Frage: Was ist Gnade?

K. D. S.: Gnade ist die Hilfe der geistigen Hierarchie für die Menschen. Geistige Führer inspirieren und schützen sie – vor allem vor den sich ständig wiederholenden Fehlern, die die Menschen begehen. Eine geistige Hierarchie setzt sich aus Vertretern aller bekannten und unbekannten Religionen zusammen. Dazu kommen erleuchtete Wesen aus früheren Kulturen, die wir heute auf Erden gar nicht mehr kennen.

Frage: Suchen wir uns unser Schicksal vor unserer nächsten Inkarnation aus?

K. D. S.: Ja, das tun wir. Wir schauen uns mit unseren geistigen Helfern wichtige Stationen auf dem zukünftigen Lebensweg an und besprechen diese. Wir werden dann so programmiert, daß wir unwissend geboren werden und unser Wissen wie versiegelt ist. Nur ein inneres Gefühl führt uns. Nur wenn wir im Einklang mit uns sind, machen wir Fortschritte. Innere unharmonische Zustände lassen uns durch Krisen gehen und neue Erkenntnisse gewinnen. Danach sind wir wieder im Einklang und haben einen neuen Entwicklungsschritt getan.

Frage: Ist unser Leben vorbestimmt?

K. D. S.: Das Leben insgesamt auf Erden ist nicht vorbestimmt, nur die wichtigsten Ereignisse, die wir uns vorgenommen haben zu erleben und durchzuarbeiten.

Frage: Wie geht das Sterben vor sich?

K. D. S.: Es ist ein Ablösungsprozeß. Das Bewußtsein trennt sich vom Körper und seinen Sinnen und Wahrnehmungen. Geht ein Mensch dem Tod entgegen, so ist er in jeder Minute von geistigen Helfern umgeben, die ihn begleiten und ihm helfen, Orientierung zu gewinnen. Der Sterbende nimmt im Anfang noch die irdischen Menschen wahr, doch ihr Bild schwächt sich ab, und die Wesen der geistigen Welt werden immer deutlicher spürbar und sichtbar. Es sind Wesen, die voller Liebe die von der Erde kommende Seele empfangen.

Frage: Was ist Tod?

K. D. S.: Der Tod ist immer Übergang und Wiedererkennen und auch Neuanfang. Es ist eine Transformation von einem Zustand zu einem nächsten. Kein Wesen, das geboren wurde, kann auf Erden ewig leben. Ja, was kommt nach dem Sterben? Eine grenzenlose Freude und ein Gefühl von Befreiung und Freiheit. Es läßt sich nicht beschreiben, weil es irdische Vorstellungen übersteigt. Der Mensch inkarniert unzählige Male.

Frage: Wie kann ein Mensch anderen verzeihen?

K. D. S.: Meine Antwort: Indem er sich in das Bewußtsein des anderen versetzt und die schreckliche Unwissenheit und Angst des anderen verspürt. Verzeihen ist ein Geschenk des Herzens, das man dem anderen macht, indem man Heilsames für ihn wünscht und immer denkt, er möge wie alle fühlenden Wesen glücklich sein.

Frage: Wie kann ein Mensch sich selbst verzeihen?

K. D. S.: Wenn ein Mensch sich selbst verzeihen will, so steht dahinter, daß er sich für vergangene Taten anklagt. Er kann sich bemühen, für jede unheilsame Tat eine Tat zu tun, die heilsam ist. Für jeden erkannten und gemachten Fehler muß er statt dessen immer Heilsames tun. Indem der Mensch sich in den Dienst einer höheren geistigen Hierarchie stellt, fällt langsam sein Ego-Gefühl weg. So ist zum Schluß niemand mehr da, dem er verzeihen müßte.

Frage: Was ist Freude?

K. D. S.: Du fragst mich, was Freude ist. Glaube nicht, daß Freude ein erstrebenswerter Zustand sei. Du wirst süchtig danach und willst diesen Zustand festhalten oder immer wiederholen. Eine große Achtsamkeit ist notwendig, um den Zustand der Freude mit der gleichen Gelassenheit zu betrachten wie einen Zustand, der bedrückend ist. Alles, was entsteht, vergeht. Es ist in der Tat weiser, Dinge so zu betrachten, wie sie sind, sich auf dem mittleren Pfad zu bewegen und keine Situationen zu schaffen oder zu suchen, in denen man besonders glücklich ist.

Es gibt eine innere Zufriedenheit, die mit Harmonie innen und außen zu tun hat. Wenn du das als «im Einklang mit dem Dharma sein» beschreibst, dann bist du auf dem richtigen Weg. Es bedeutet, die Zuflucht zu den drei Juwelen zu nehmen und den achtfachen Pfad zu beschreiten. In den Karmagesetzen gibt es immer einen Ausgleich. Auf jedes Hoch folgt ein Tief und umgekehrt. Stelle dir ein Pendel vor, das heftig nach einer Seite schwingt; es schwingt natürlich ebenso heftig nach der anderen. Ebenso ist es mit deinen Schwingungen, die mal nach oben und mal nach unten führen.

Schlagen die Wellen der Emotionen sehr hoch, folgt irgendwann eine emotionale Ebbe. Wenn ein Fluß gleichmäßig fließt, gedeiht alles am Ufer. Tritt er über die Ufer und wird reißend, spült er Bäume und Erde fort und vermag sogar die Landschaft zu verändern. Es kann auch sein, daß er langsam immer schwächer wird, und eines Tages ist dann das Flußbett ausgetrocknet.

Menschen, die nach emotional extremen Zuständen suchen, können danach fast süchtig werden. Sie haben es nicht gelernt, sich normal zu verhalten; sie glauben, nur zu leben und zu sein, wenn sie ihre Gefühle extrem empfinden. Für einen Menschen, der den Weg des Dharma geht, ist es hilfreich, Achtsamkeit, Wachheit und Klarheit zu entwickeln. Alles Werten ist zu unterlassen – dieses ist gut, jenes schlecht usw. –, und dennoch muß man unterscheiden lernen, was heilsam ist und was nicht. Nur so kommst du zu innerer Gelassenheit und Zufriedenheit, und das ist weitaus mehr anzustreben als Freude.

Übung

Gehe ganz nach innen, lenke deine Aufmerksamkeit auf deinen Atem. Wie kosmische Wellen der Energie strömt der Atem ruhig und regelmäßig in dich hinein und füllt dich mit immenser Energie. Dein Ausatmen läßt alles Dunkle aus dir heraus. Mache das für einige Minuten. Du bist jetzt ganz ruhig, und große Gelassenheit erfüllt dich.

Denke jetzt an ein Wesen, das Hunger hat, und gib ihm in Gedanken Nahrung, bis es satt ist. Jeder Mensch ist dein Bruder oder deine Schwester, gleich, ob du ihn kennst oder nicht. Denke jetzt an einen Menschen, der krank ist und Heilung braucht. Aktiviere alles Wohlwollen in deinem Herzen, und tue alles in deiner Vorstellung, damit dieser Mensch wieder vollkommen gesund wird.

Denke an eine Mutter, die gerade ein Kind zur Welt bringt. Hilf ihr in deiner Vorstellung, damit es eine gute, leichte Geburt wird. Sieh zu, wie das Baby abgenabelt und glücklich im Arm der Mutter liegt, und umhülle beide mit einem Mantel aus Licht.

Denke an einen Menschen, egal, ob Mann oder Frau, der sehr verzweifelt ist. Du siehst, wie er unruhig ist, weint, keine Perspektive mehr im Leben sieht. Imaginiere ein weises Wesen, das zu diesem Menschen geht und ihm Kraft, Hoffnung und neuen Lebensmut schenkt.

Denke an einen Menschen, der im Sterben liegt. Niemand ist bei ihm, er ist ganz allein. Setze dich in deiner Vorstellung an sein Bett und halte seine Hand. Sage ihm ruhig, daß du jetzt bei ihm bist, daß du ihn begleitest, bis er in der anderen Welt angekommen ist, daß das eine Welt voll Licht und herrlicher Farben ist. Er kann loslassen, seinen kranken Körper hinter sich lassen, mit jedem Ausatmen darf er etwas mehr loslassen. Jeder Todkranke findet es hilfreich, wenn er mit Liebe umgeben wird. In der anderen lichten Welt warten Wesen voller Liebe auf ihn und freuen sich auf ihn.

Gehe tief in diese Meditation. Sieh, höre, rieche, spüre genau, was in der jeweiligen Situation geschieht. Und schreibe wichtige Erkenntnisse später auf. Zum Schluß heilst du dich selbst, indem du Licht einatmest und alles Dunkle ausatmest. Dann komme ins Hier und Jetzt zurück.

───────────────────── ✣ ─────────────────────

Jeromolus, 11. Jahrhundert, aus Italien

Jeromolus: Was ist im Leben wichtig, ist deine Frage. Ich sage, genug Vertrauen in das göttlich Gute, in den göttlichen Urgrund zu haben und geistig klar zu sein. Du merkst, daß du klar bist, wenn du auf dein Gebet Antwort bekommst. Verlasse dich nur auf einen Menschen, der geistig klar ist.

Frage: Was ist Karma?

Jeromolus: Was du Karma nennst, ist dein von dir in die Welt mitgebrachtes Schicksal. Es ist nicht Gott, der dich leiden läßt, sondern du selbst bist es. Du hast die Ursachen dafür selbst geschaffen. Gegen die Karmagesetze kann man nicht ankämpfen, man muß sie akzeptieren und daraus lernen.

Frage: Was ist Gnade?

Jeromolus: Gnade ist der göttliche Beistand, den wir empfangen in unserem ganzen Leben. In Zeiten der Krankheit ist es

Gnade, daß wir den Mut nicht verlieren, in Zeiten der Einsamkeit, daß wir Trost in der Seele erfahren. Gnade erfahren wir durch die Hilfe und den Beistand der geistigen Helfer.

Frage: Suchen wir uns unser Schicksal vor unserer nächsten Inkarnation aus?

Jeromolus: Du fragst, ob wir uns unser Leben aussuchen. Ja, wir sehen die Möglichkeiten und Aufgaben des zukünftigen Lebens vor unserer nächsten Inkarnation und besprechen mögliche Lösungen mit unseren geistigen Führern und Helfern. Dann inkarnieren wir und begegnen diesen Aufgaben. Allerdings haben wir vergessen, daß wir uns diese bestimmten Ereignisse selbst ausgesucht haben.

Frage: Was geschieht beim Sterben?

Jeromolus: Was ist Sterben? Es ist ein Entschlafen der materiellen Welt. So, wie wir einschlafen am Abend und einen schönen Traum haben, so schlafen wir ein und vergessen langsam die Welt. Wir entfernen uns mit unserem Bewußtsein von der Welt und von unseren Körpern. Doch wir sind noch immer Wir, mit allen Fehlern und Schwächen. Nur besitzen wir dann keinen physischen Körper mehr, sondern einen feinstofflichen.

Im Leben nach dem physischen Leben geht der Lernprozeß für jeden weiter. Der Tod ist nichts anderes als Verwandlung. Wir leben dann hier in der feinstofflichen Welt und haben andere Bedingungen. Für die Sinne des Körpers ist es eine Umstellung, denn sie können nicht mehr befriedigt werden. Ein Mensch mit geistigen Interessen hat sehr viel weniger Mühe, sich hier einzuleben, als ein Mensch, der im physischen Leben nur darauf bedacht war, seine sinnlichen Lüste zu befriedigen. Was kommt nach dem Sterben, fragst du. Natürlich Leben!

Frage: Wie kann ein Mensch einem anderen verzeihen?

Jeromolus: Wenn ein Mensch anderen verzeihen will, so soll er darüber nachdenken, wie sehr jemand sich selber schadet, wenn er anderen etwas antut. Jede Tat, ob gut oder schlecht, hat ihre Auswirkungen, die auf den Urheber zurückkommen. Verzeihen kann ein Mensch nur aus Liebe und Mitgefühl.

Um sich selber zu verzeihen, darf ein Mensch sich nicht so wichtig nehmen. Aber er muß für sein Tun die Verantwortung tragen. So wirft er sich selbst nichts vor, sondern akzeptiert die Dinge, wie sie sind.

Frage: Was ist Freude?

Jeromolus: Kannst du Liebe wirklich beschreiben, so, wie du sie fühlst? Es ist nicht möglich, weil es ein geistiger Zustand ist. Ähnlich ist es mit der Freude. Freude ist ein Zustand der Seele, der bis in hohe Ekstase reicht. Wenn du die körperlichen Empfindungen beschreibst, beschreibst du nur Ereignisse auf der materiellen Ebene.

Spaß gewinnt der Mensch aus weltlichen Geschehnissen. Das reicht vom guten Essen über berauschende Getränke, intellektuelle Spiele und Unterhaltungen bis hin zu Ablenkungen durch Film, Fernsehen, Computer und ähnlichem.

Freude im wahren Sinn kommt aus einer anderen Quelle und hat eine andere Qualität. Man ist, wenn man sich freut, nicht in sich selbst eingeschlossen, nicht klein und eingeschränkt in seinen Gefühlen. Zum Freuen gehört ein Sichöffnen, Sichvergessen, Sichhingeben.

Das kann in der Natur geschehen, aber auch, wenn man eine schöne Musik hört, die die Seele erhebt oder wenn man selber musiziert. Es kann auch die Begegnung mit einem anderen Menschen sein, bei der man sich von Seele zu Seele begegnet. Je intensiver du im Jetzt bist und je mehr du ohne zu urteilen wahrnimmst, desto eher bist du zur Freude fähig. Gib Situationen einen festlichen Rahmen. Stelle Blumen auf, zünde eine Kerze an, höre schöne Musik. Schaffe um dich herum eine Atmosphäre, die der Seele guttut.

So machst du dir und anderen kleine Freuden, indem du deiner Seele Nahrung gibst. Es sind die kleinen Freuden, die den Weg für die größeren bereiten. Alle Menschen sehnen sich nach Freude. Ein Mensch, dessen Gefühle im Intellekt verkümmert sind, weiß oft nicht, wie er es anstellen kann, Freude zu finden. Er verwechselt leicht Spaß mit Freude. Er kauft sich vielleicht ein Buch oder etwas zum Anziehen, oder ein neues Auto, anstatt einem Freund etwas zu schenken; ihm zum Beispiel einen ganzen Abend Zeit schenken für ein Gespräch, wobei der Freund sein Herz ausschütten kann und mit seinen Gedanken und Gefühlen angenommen wird.

Freude machen schenkt Freude. Sich selbst etwas gönnen gibt Befriedigung der Wünsche, das ist ein Unterschied! Ein Mensch ist arm, dessen Gedanken und Aufmerksamkeit nur um sich und das eigene Wohl kreisen. Natürlich erwartet er auch noch von seiner Umwelt Zuwendung, und er erwartet voller Sehnsucht die Freude, die sich weigert, zu ihm zu kommen. Und das nur, weil er in sich eingeschlossen ist und nur sich und seine Freude sucht. Freude ist eine kosmische Energie und fließt überall; man kann sie nicht einsperren, sie ist frei.

Übung

Gehe tief in dich hinein, und suche tief in dir die Ruhe. Lasse in dir das Bild eines ganz klaren, ruhigen Bergsees entstehen. Der Himmel spiegelt sich im Wasser, und du siehst, wenn kleine Wolken über den Himmel ziehen und sich im klaren Wasser spiegeln.

Jede Zelle deines Körpers atmet diese Ruhe ein, und du wirst mit jedem Atemzug ruhiger und ruhiger. Nun stelle dir vor, wie du nach deiner Erdenreise in den Himmel kommst. Du bist unsicher, was dich erwartet. Du hast einiges im Leben gemacht, das im Ergebnis nicht gut gewesen ist, und jetzt erwartest du das strafende Gericht.

Zuerst einmal wirst du von sehr gütigen, liebevollen Wesen empfangen. Sie zeigen dir deinen Ort, wo du dich ausruhen kannst. Hast du Verwandte im Jenseits, so kommen diese, um dich zu begrüßen. Erst sehr viel später werden dir, ähnlich wie in einem Film, Situationen gezeigt. Du bist der Zuschauer und erkennst dich auch als der Akteur. Du selber urteilst über die Intentionen, und natürlich lernst du aus allem. Das Wort «Jeder wird mit seinem eigenen Maß gemessen» hat Gültigkeit.

Vielleicht veränderst du in deiner Phantasie noch einige Situationen, so daß sie einen besseren Ausgang nehmen und niemand mehr Schaden erfährt. Du kannst fühlen, wie du innerlich frei und erleichtert bist.

Der nächste Schritt ist, daß ein weises Wesen zu dir kommt und dir sagt, daß es noch einige Menschen gibt, denen du nicht vergeben hast. Sie haben dir in deinem Erdenleben Schmerzen seelischer und/oder körperlicher Art zugefügt. Natürlich haben diese Menschen in großer Unwissenheit gehandelt. Sie waren selber in einem seelischen Ausnahmezustand und psychisch oder physisch teilweise krank.

Du hast die Wahl, entweder ein weiteres Erdenleben mit diesen Menschen zu verbringen, um ihnen eine Chance der Wiedergutmachung zu geben, oder ihnen zu verzeihen, und zwar sofort. Du hast Zeit zum Überlegen. Wofür entscheidest du dich?

Eine weitere Übung

Versuche dein Herz so weit zu machen, wie es nur möglich ist. Verströme kosmisches Erbarmen, das dich gleichzeitig umhüllt und das dir bewußtmacht, daß sich jedes Wesen nach Gnade und Güte sehnt und diese auch braucht. Sage innerlich zu dem Menschen, dem du verzeihen willst: «Ich entlasse dich aus mei-

nen dunklen Gefühlen, ich erlasse dir alle Schuld; so wie Gott
mir verziehen hat, verzeihe ich dir.» Segne innerlich den Menschen und schicke ihm Licht. Atme tief durch und bringe dieses Verzeihen in dein Alltagsbewußtsein.

Hazrat Inayat Khan, Sufimeister

Frage: Was ist wichtig im Leben?

Hazrat Inayat Khan: Das wichtige im Leben ist, ein klares
Bewußtsein zu entwickeln und Heiligkeit in den Alltag zu
bringen. Man muß sich immer der Anwesenheit Gottes bewußt
sein und das Herz für alle leidenden Wesen offenhalten.

Frage: Was ist Karma?

Hazrat Inayat Khan: Damit ihr euch Karma vorstellen könnt,
gebe ich euch folgendes Bild: ein großes Netz von Lebens-
fäden, die miteinander verwebt, verknotet und verflochten sind.
Karma heißt für den Menschen, Getanes zu ernten, Ingang-
gesetztes zu erleben und mit Intentionen zusammenzutreffen,
die man selbst irgendwann hatte und jetzt aktiviert hat. Karma
ist Gesetz. Du kannst Karma nicht ohne Dharma verstehen.
Den Dharma zu leben bedeutet, im Leben immer im Einklang
mit den kosmischen Gesetzen zu sein.

Frage: Was ist Gnade?

Hazrat Inayat Khan: Gnade ist heiliger Beistand von Wesen
aus der geistigen Welt sowie geistige Führung in einer Welt,
die objektiv sein will und dem Geistigen skeptisch gegenüber-
steht. Gnade ist Gottes unendliche Liebe, sein Erbarmen und
seine Großmütigkeit.

*Frage: Suchen wir uns unser Schicksal vor unserer Inkarnation selbst
aus?*

Hazrat Inayat Khan: Suchen wir uns unser Schicksal aus? Ja,
wir sehen uns mit unseren geistigen Führern bestimmte Situa-

tionen an, die für uns besonders kritisch oder schwierig sind. Diese sind aber für unseren Entwicklungsprozeß sehr wichtig. Wir gehen das ganze Leben durch und entscheiden uns für spezielle Aufgaben. Durch unsere Absicht, bestimmte Dinge zu erledigen, bestimmen wir in gewisser Hinsicht Geschehnisse in unserem Leben.

Frage: Was geschieht beim Sterben?

Hazrat Inayat Khan: Das Sterben kannst du dir in etwa vorstellen wie das Einschlafen am Abend. Nach und nach entschwinden die Sinne aus dem Körper, nur daß es beim Sterben unwiderruflich und vollständig geschieht. Zum Schluß ist das Bewußtsein frei und in der Lage, mit den geistigen Führern den weiteren Weg zu planen. Der Tod ist Verwandlung, Transformation. Geist stirbt nie. Richtig gesehen ist Tod nur für die Hinterbliebenen schmerzlich, aber nicht für den, der geht.

Nach dem Tod gibt es ein Leben in einer anderen, geistigen Form. Für den «Jedermann» kommt eine neue Inkarnation.

Frage: Wie kann ein Mensch einem anderen verzeihen?

Hazrat Inayat Khan: Wie kann man einem anderen verzeihen? Indem man sich in die Lage desjenigen versetzt und intensiv dessen Ängste mit einbezieht. Ein Verzeihen ist immer möglich. Denke an Jesus Christus am Kreuz. Er wußte, daß seine Peiniger aus Unwissenheit handelten: «Denn sie wissen nicht, was sie tun!»

Und wie kann ein Mensch sich selber verzeihen? Indem er die Verantwortung für sein Tun übernimmt und sich vertrauensvoll in Gottes Liebe stellt. Glauben ist auch Gnade. So kann ein Mensch niemals in den Himmel oder die Hölle kommen, wenn er diese gar nicht kennt. Sie existieren nur in seiner Vorstellung. Himmel und Hölle sind in den eigenen Gedanken verwurzelt.

Jedes Lebewesen findet seinen Platz in der geistigen Welt. Es ist keine Frage, ob die anderen etwas gut oder schlecht finden, sondern es kommt auf die eigene Intention an, ob diese rein ist und niemandem schaden will, auch sich selbst nicht.

Gott ist reine Liebe und verzeiht gerne. Die Lektion, die der Mensch aus seiner Tat lernen muß, nimmt Gott ihm nicht ab. Eine Welt ist dann gut, wenn alle Menschen selbst Verantwortung übernehmen, für sich und für andere.

Frage: Was ist Freude?

Hazrat Inayat Khan: Du möchtest wissen, was ich über die Freude sagen kann. Im Leben lernen wir von klein auf, immer nach angenehmen Gefühlen zu suchen. Das, was uns angenehm ist, empfinden wir als so gut, daß wir diesen Zustand möglichst andauernd erleben wollen. Da das natürlich nicht geht, versuchen wir unangenehme Zustände zu meiden und die angenehmen wieder zu suchen. Im Nu entwickeln wir Zuneigungen und Abneigungen. Wir werten, welche Zustände gut und welche schlecht sind. Und doch wissen wir gar nicht, ob ein für uns unangenehmer Zustand letztlich für uns bessere Ergebnisse bringt als ein angenehmer.

Wir suchen Spaß im Leben, wir werden schon als Kind aufgefordert, kein so ernstes Gesicht zu machen. «Lach doch mal», wird einem beigebracht. Als Erwachsene dürft ihr euch nur noch beim Arzt oder Psychotherapeuten über eure Sorgen und Ängste äußern. Es zeugt von schlechtem Benehmen, andere mit seinen Schwierigkeiten zu belästigen, was soviel wie belasten bedeutet.

Man spricht vom Wetter oder von der Politik, doch selten über wesentliche Themen. Wie sollen wir da Zugang zur Freude finden? Ihr kennt die Aufforderung «Sei spontan!» oder, wenn Religionsführer ihren Anhängern sagen: «Glaubt!». Wir können einem Menschen nicht befehlen: «Freue dich!» Bestenfalls wird er einen anschauen und fragen: «Warum?»

Freude ist eine Herzensqualität, die mit Seelenreinheit verbunden ist. Ist das Herz voller Mißgunst und Neid, so hat eher Schadenfreude darin Platz als wirklich reine Freude. Reine Freude fließt unpersönlich in Herzen und Seelen. Es kann Freude am besonderen Wohlergehen eines Menschen sein, an

der Genesung eines anderen, der sehr krank war; es ist das Miterleben eines Sonnenaufgangs oder -untergangs, das Hören und
Erleben heiliger Musik, etwas, was die Seele über sich erhebt
und sie mit himmlischer Freude erfüllt.

Gleichzeitig erinnert sich die Seele an ähnliche frühere
Zustände, die sie in ihrer himmlischen Heimat erlebt hat. Sie
trägt eine tiefe Sehnsucht danach in sich. Diese Sehnsucht ist
wie eine Antriebskraft, die die Seele wieder in die Richtung
führt, in der sie ihr Ziel am besten erreichen kann. Du schenkst
einem Menschen Freude, wenn du seiner Seele hilfst, ihren Weg
in ihre himmlische Heimat wiederzufinden.

Nicht irdische Vergnügen, nicht sinnlicher Genuß können
einen Menschen letztlich erfüllen. Nur das Erfülltsein mit dem
Wissen, das Göttliche in sich zu tragen, eine göttliche Seele zu
eigen zu haben und irgendwann wieder mit seinem geliebten
Gott vereint zu werden, schenkt dem Menschen dauerhafte
Freude.

Rabbi Israel aus Kosnitz

Frage: Was ist wichtig im Leben?
Rabbi Israel: Ein Leben zu führen mit dem Wunsch, dem
Höchsten zu dienen; stille zu sein und sich nicht von weltlichen
Dingen gefangennehmen lassen; jeden Tag zu beten, was be-
deutet, mit der geistigen Hierarchie zu reden. Für die Armen
Gutes tun. Arm sind alle, die an nichts glauben.

Frage: Was ist Karma?
Rabbi Israel: Karma ist Schöpfungsgesetz, ein unerbittliches
Gesetz für alle, die einen Lebensweg ohne Religion, das heißt
ohne Glauben an geistige Werte, gehen. Karma ist der Lehrer
des Dharma, der Lehre der Zusammenhänge, der Ursache, Wirkung, der Intention und des Ziels. Die Karmagesetze gelten

in allen Religionen, sie galten immer, und sie werden immer Gültigkeit haben.

Frage: Was ist Gnade?

Rabbi Israel: Gnade ist die Liebe des Höchsten. Wie sie sich äußert? Wenn du gefallen bist, so gibt sie dir den Impuls, wieder aufzustehen; wenn du in Not bist und lobst trotzdem den Höchsten, so wendet sich deine Not, und du hast außerdem noch etwas Wichtiges daraus gelernt. Gnade ist Liebe, die über jeden Fehler, den du machst, den Schleier des Vergessens legt.

Frage: Suchen wir uns unser Schicksal vor unserer nächsten Inkarnation selbst aus?

Rabbi Israel: Wir suchen uns vor unserer nächsten Inkarnation Prüfungen und Situationen aus, in denen wir bestimmte Eigenschaften entwickeln, entfalten wollen, in denen wir uns anders, besser verhalten wollen als bei früheren Gelegenheiten. Wir finden mit Hilfe unserer geistigen Führer auch genau die richtigen Eltern, die wir benötigen, um das körperliche und seelische Erbe zu bekommen, das dann für unser nächstes Leben wichtig und hilfreich ist.

Frage: Ist unser Leben vorbestimmt?

Rabbi Israel: Im Leben ist ein Teil sozusagen vorbestimmt, nämlich die von uns ausgesuchten Situationen. Ein anderer Teil hängt davon ab, wie wir uns entwickeln und wie weit wir lernwillig sind.

Frage: Was geschieht im Sterben?

Rabbi Israel: Das Sterben ist für den Gläubigen leicht. Er freut sich auf seine himmlische Heimat und auf die Freunde und Angehörigen, die er dann wiedersieht. Es ist ein sanftes Entschlafen und Dahinschwinden der Sinne. Das Bewußtsein entzieht sich dem Irdischen, bis es in der feinstofflichen Ebene angekommen ist. Dort wird die Befreiung von der irdischen Last, von Schwere, Krankheit, Dunkelheit, besonders beglückkend empfunden.

Für den Ungläubigen entsteht vor dem Dahinscheiden oft ein innerer Kampf. Es ist Angst in ihm, loszulassen, weil das Irdische ja für ihn alles bedeutet hat. Es entsteht auch Furcht vor dem, was kommt oder auch nicht kommt. Ganz im Innersten hofft jedes Wesen weiterzuleben, und zwar auf angenehme Art.

Frage: Was ist der Tod?

Rabbi Israel: Der Tod ist ein Zustand, der von allen Lebenden gefürchtet wird. Sie sehen den leblosen Körper und identifizieren damit den Verstorbenen. Es ist aber nicht so. Der Tod ist ein Tor, durch das der menschliche Geist auf eine nächste Ebene treten kann. Der Tod ist auch Gnade, weil er dem Menschen den Weg in die geistige Welt ermöglicht.

Frage: Was kommt nach dem Tod?

Rabbi Israel: Nach dem Tod kommt das Leben in höheren, bewußten Dimensionen.

Frage: Wie oft muß ein Mensch inkarnieren?

Rabbi Israel: So lange, bis er im Höchsten aufgenommen ist. Doch es gibt auch hohe Meister, die freiwillig zurückkommen, aus Erbarmen für die leidenden Seelen. Diese Meister wollen die Funken in der Seele des Menschen entfachen und einen Gläubigen aus ihm machen, damit er seinen Weg zum Höchsten leichter findet.

Frage: Wie kann ein Mensch einem anderen verzeihen?

Rabbi Israel: Gib einem Menschen einen Spiegel und laß ihn hineinschauen. Frage ihn, ob er ohne Sünde und ohne schlechte Gedanken und Taten gelebt hat. Vielleicht hat dieser Mensch, der einem anderen eine schlimme Tat nicht verzeihen kann, diesen irgendwann selbst dazu veranlaßt?

Wie kann er also verzeihen? Er hat sein ganzes Erbarmen, das er bis dahin nur als Selbstmitleid gefühlt hat, auf den anderen zu übertragen. Er soll bittere Tränen darüber weinen, daß der andere eine solche Tat zu begehen in der Lage war. Was ist der andere doch für ein armes Wesen! Er soll beim Höchsten um Erbarmen und Verzeihen für den Täter bitten.

Frage: Wie kann ein Mensch sich selbst verzeihen?

Rabbi Israel: Er soll mit dem Höchsten sprechen, beten, bitten, bereuen, was er getan hat, und es nicht wieder tun. Der Höchste ist Liebe und Gnade in Unendlichkeit. Er verzeiht, doch du mußt sein Verzeihen annehmen und nicht im Egostolz in deinem Selbstmitleid verhaftet bleiben.

Frage: Was ist Freude?

Rabbi Israel: Freude ist, wenn die Seele tanzt. Es gibt keine größere Freude als die Ekstase der Seele, wenn der Höchste sie umarmt. Es ist himmlische Freude, die der Höchste der Seele schenkt.

Er kann sich liebevoll der Seele zuneigen, die Ihn voller Sehnsucht ruft. Nichts ist wichtig, nur Er. Wenn Er das echte Verlangen der Seele spürt, schickt Er einen Engel, um zu prüfen, wie stark die Seele ist. Denn wenn Er sich der Seele nähert, muß sie so stark sein wie der göttliche Geist.

Manche Seelen ertragen nicht einmal die Anwesenheit eines Engels. Sie verglühen fast, wenn ein Engel zu nahe kommt. Kann eine Seele die Nähe des Höchsten ertragen, muß sie rein sein wie der Heilige Geist. Sie muß licht sein, und sie muß heiliges Feuer in sich haben. Der göttliche Funke, den jede Seele in sich trägt, der muß lodern, hell und heiß.

Frage: Wie kann eine Seele das erreichen?

Rabbi Israel: Sie muß verehren, heiligen, dem Höchsten dienen und Seinen Geschöpfen. Sie muß die Gesetze achten und sich nie überlegen fühlen. Sie ist mit dem Auftrag und dem freiwilligen Vorhaben auf der Erde, den Höchsten zu loben. Verehren, heiligen führt den Menschen von sich selber weg, hin zu immer Höherem. Nur das Höchste ist reine Freude.

Übung

Gehe in deine Seele, lasse sie den Höchsten loben. Preise Seine Schöpfung, übe dich, die unendliche Liebe und Schönheit in allem zu erkennen. Jeder Baum, jedes Tier spricht zu dir vom Höchsten. Die Bäume im Wind loben Ihn, die Blumen, die Elemente, das Antlitz eines Menschen legt Zeugnis ab von seinem Schöpfer. Erkenne die göttlichen Funken der Schöpfung als Liebe des Höchsten. Lasse deine Seele tanzen, loben und glücklich sein darüber, daß sie Teil des Höchsten ist.

V., indischer Erleuchteter und Philosoph

Frage: Was ist wichtig im Leben?

V.: Das wichtigste im Leben ist, Heiligkeit zu entwickeln und das Weltliche nicht an die erste Stelle zu setzen. Unbewußtheit muß der klaren Erkenntnis weichen. Also heißt es, Unterscheidungskraft zu erlangen. Was ist heilig, was ist gut, was hat eine heilsame Schwingung, was führt die Seele ins Licht?

Folge dem Weg des Lichten, das heißt, lerne wahrzunehmen, was zum Beispiel ein Gedanke in dir bewirkt. Fühlst du dich leicht, gut, harmonisch, ausgeglichen?

Sobald du Gedanken oder Gefühle hast, die in dir Unruhe auslösen, die dich aus deinem Seelenfrieden bringen, halte inne. Nimm genau wahr, was in dir abläuft, und kehre den Prozeß um. Meditiere auf Licht, erfülle dich damit und komme wieder in Einklang mit der Schöpfung, mit Brahman, mit dir selbst.

Frage: Was ist Karma?

V.: Karma ist das Rad des Gesetzes von Ursache und Wirkung. Es ist Schöpfungsweisheit, die mit dem menschlichen Verstand kaum zu erfassen ist. Das Karmagesetz gilt jeweils auf seine Weise auf allen Ebenen. Der Mensch kann an seinem Karma langsam, schneller oder beschleunigt arbeiten. Im letzteren Fall helfen die geistigen Führer aus höheren Ebenen mit, damit ein Mensch es nach Möglichkeit in diesem Erdenleben bewirkt.

Beschleunigtes Karma ist ein Prozeß, der die Fehler mehrerer Leben in einem Leben oder in einem intensiven Krankheits- oder Leidensprozeß aufarbeitet. Dieser Prozeß wird von der geistigen Hierarchie nach Prüfung aller Bedingungen in Gang gesetzt.

Frage: Was ist Gnade?

V.: Gnade ist ein Begriff, der in vielen Religionen vorkommt. Gnade bedeutet, daß einem bei der Überwindung einer schwierigen karmatischen Hürde geholfen wird. Jeder kann Gnade erfahren, wenn er offen ist für die geistigen Dimensionen und die Gnade zu schätzen weiß. Sie ist keine Selbstverständlichkeit.

Frage: Suchen wir uns unser Schicksal vor unserer nächsten Inkarnation selbst aus?

V.: Genauer gesagt, wir sehen uns vor unserer nächsten Inkarnation verschiedene Situationen an und suchen uns dann einige aus, in die wir uns im späteren Leben freiwillig begeben. Wir akzeptieren dabei, daß wir Leid, Schmerz, Krankheit und seelische Verletzungen erleben und nehmen uns vor, daran zu wachsen und ohne Selbstmitleid auf unserem Weg weiterzugehen und Seelenqualitäten zu entfalten.

Frage: Ist unser Leben vorbestimmt?

V.: Nein, das Leben als Ganzes ist nicht vorbestimmt. Es hängt davon ab, wie es verläuft und wie du dich entscheidest. Sehr oft steht der Mensch an einer Wegkreuzung und muß wählen, in welche Richtung er gehen will. Dementsprechend werden sich die weiteren Ereignisse seines Lebens gestalten.

Frage: Wie geht das Sterben vor sich?

V.: Sehr einfach. Du läßt dich von deinem Bewußtsein in die Höhe ziehen und läßt deinen Körper hinter dir. Es ist ein

Prozeß, der normalerweise ganz von selbst stattfindet. Die Sehnsucht des Bewußtseins, wieder in die himmlische Heimat zu kommen, ist so groß, daß nichts es aufhalten kann.

Für den Ungläubigen ist es viel schwerer. Er versucht solange wie möglich am Leben und den irdischen Dingen festzuhalten. Hat sich sein Bewußtsein dann von seinem Körper gelöst, glaubt er oft, immer noch am Leben und in seinem irdischen Körper zu sein. Er bemüht sich, oft qualvoll, sich seinen Angehörigen oder anderen Menschen verständlich zu machen. Doch diese können ihn weder sehen noch hören. Es dauert einige Zeit, bis diese Wesen begriffen haben, daß sie keinen physischen Körper mehr haben, nach irdischer Ansicht also tot sind.

Frage: Was ist Tod?

V.: Tod ist ein Feind für den Ungläubigen und ein Freund für den Gläubigen.

Frage: Was geschieht nach dem Tod?

V.: Nach dem Tod geht der Lebens- und Erkenntnisprozeß weiter. Keiner stirbt und ist dann nicht mehr vorhanden. Es gibt kein Ende in diesem Prozeß.

Frage: Wie oft muß ein Mensch inkarnieren?

V.: Ein Mensch inkarniert so oft, wie es nötig ist, um seine Seele zu läutern, bis sie fähig wird, eine höhere, feinere, lichtere Ebene zu erreichen.

Frage: Wie kann ein Mensch einem anderen verzeihen?

V.: Gib einem Menschen die Hand, halte sie und lasse deine Herzensschwingungen zu dem anderen strahlen. Du kannst das auch in deiner Vorstellung tun. Denke daran, daß auch du Fehler begangen hast. Wie sagte Jesus? «Wer ohne Sünde ist, der werfe den ersten Stein.»

Nicht verzeihen bedeutet, dem anderen seine Taten vorzuwerfen. Du darfst dich nicht zum Richter über andere aufspielen. Es gibt das Karma und seine Gesetze. Jede Tat führt zu einem Ergebnis. Das Ergebnis kehrt zum Täter zurück. Das ist das Rad des Karmas. Warum also grollen und Schuld nachtragen? Wenn du verzeihst, das heißt den anderen aus deiner Schuld entläßt, bedeutet das noch nicht, daß sich dessen Karma aufgelöst hat.

Frage: Wie kann ein Mensch sich selbst verzeihen?

V.: Ein Mensch verzeiht sich selbst, wenn er den Weg des heiligen Pfades geht: jeden Tag in Verbindung mit den heiligen Welten treten, Heilsames tun und sich in den Dienst Brahmans und der geistigen Hierarchie stellen. So vergißt der Mensch mit der Zeit sein kleines Ich und die persönlichen, kleinen Verletzungen und Mißerfolge.

Er sollte schlimme Taten bereuen und nicht wiederholen. Statt dessen sollte er Gutes, Heilsames für seine Mitmenschen und die ganze Schöpfung tun. Auf keinen Fall darf ein Mensch in Selbstmitleid versinken. Lieber sollte er für seine Mitmenschen Opfer bringen, ihnen helfen und nützlich sein. Oder er sollte Tieren dienen.

Frage: Was ist Freude?

V.: Freude ist mit geistiger Klarheit verbunden. Geistige Klarheit ermöglicht einem, die Gabe der Unterscheidung zu entwickeln zwischen Wichtigem und Unwichtigem. Ein Übermaß an Emotionen kann auf dem Weg hinderlich sein.

Weißt du, daß du nicht Freude empfinden kannst, ohne gleichzeitig auch um den Schmerz zu wissen? Das Ganze gehört zusammen, es ist wie zwei Seiten einer Medaille. Du lebst als Mensch immer in der Spannung zwischen zwei Polen. Im Leben gibt es gut – böse, hell – dunkel, süß – salzig, schwer – leicht usw. Du mußt dich immer neu entscheiden, was du willst, was du akzeptierst und was du ändern möchtest, um dein Leben vielleicht zum Besserem zu verändern.

Freude erlebst du immer im Leben, wenn Göttliches hineinwirkt. Es ist ein Geheimnis der Schöpfung, daß sie Freude wie eine heilende Medizin einsetzen kann; heilend, weil ein Mensch, der sich freut, sich selbst vergißt. Er gerät in einen

Zustand, der ihn über sich hinaus trägt. Freude findet sich, wenn der Mensch bereit ist, keine unguten Gedanken und Gefühle gegen seine Umwelt und seine Mitmenschen zu hegen.

Ein reines Herz und ein heller Geist sind fähig, sich zu freuen, anderen Freude zu schenken und himmlischen Humor entstehen zu lassen. Doch wahre Freude ist eine sehr innerliche, stille Freude. Sie ist mehr ein Glühen der Seele in der Hingabe an Gott, in der Annäherung an Gott und schließlich im Einssein mit Ihm. Menschen auf der Erde nennen andere Dinge Freude als die Wesen in den geistigen Ebenen. Auf jeder feineren Ebene haben die Begriffe eine etwas andere Bedeutung.

Übung

Suche dir einen Ort, der ruhig ist, der geheiligt ist, wo du ungestört bist. Setze dich hin, und werde ruhig. Atme tiefer und langsamer, bis dein Körper insgesamt ruhig geworden ist. Stelle dir vor, daß du im Moment dein Leben vor dir siehst und in der Lage bist, wie ein Zauberer all das zu ändern, was du gerne ändern möchtest. Laß dir viel Zeit. Gehe Situation für Situation durch. Ändere in Gedanken, was du für wichtig und nötig hältst.

Du kannst pro Sitzung eine Situation durcharbeiten oder dir für eine Angelegenheit mehrere Sitzungen Zeit nehmen. Stärke dich, indem du mit deinem geistigen Führer, deinem Schutzengel oder auch mit Gott in Verbindung trittst. Bete zu ihm, bitte um seinen Schutz, seine Nähe, seine Führung, seine Inspiration.

Nimm ganz bewußt wahr, wie diese Schwingungen auf dich wirken. Stelle dich in den Dienst der geistigen Hierarchie. Sei liebevoll zu Pflanzen, Tieren, Menschen, und habe Achtung vor dem Planeten Erde. Alles ist Gottes Schöpfung. Jeder einzelne trägt Verantwortung für das Wohlergehen des Ganzen.

Sei dir deiner Gedanken, deiner Absichten bewußt! Spüre in

dich hinein, wie ehrlich du bist. Wieviel Wohlwollen ist in dir, auch für Menschen, die dir vielleicht geschadet haben? Jesus gab den Rat: «Wenn einer dich auf die eine Wange schlägt, so halte ihm auch die andere hin.» Er sagte nicht, was gut oder schlecht war, sondern rein in dem Wissen um das Karmagesetz gab er den Rat: Vergelte nicht Gleiches mit Gleichem.

Sei innerlich ruhig und denke mit Erbarmen an all die Menschen, die Unheilsames tun. Sie tun sich selbst damit das Schlimmste an. Nicht weil sie es wollen, tun sie Böses, nein, weil sie blind sind für die geistigen Prinzipien. Bete für sie, für dich, für die Schöpfung. Hilf mit, daß die himmlischen Kräfte Einfluß auf das Leben auf Erden bekommen. Lasse Gott auf Erden lebendig werden.

K., indischer Philosoph und Weiser

Frage: Was ist wichtig im Leben?

K.: Ist es richtig, die Frage so zu stellen? Gibt es etwas im Leben, was unwichtig, und etwas, was wichtig ist? Geben wir einer Sache oder einer Situation nicht erst durch unser Denken eine bestimmte Bedeutung?

Frage: Was sollte im Leben eines Menschen Priorität haben?

K.: Alles so wahrzunehmen, wie es ist. Es ist eine Unsitte des menschlichen Geistes, in Dinge Wichtigkeit zu legen. Etwas ist. Reicht es nicht, das Sein zu akzeptieren? Das Sein ist unendliche Erfahrung durch alle Ebenen. Seid doch zufrieden, wenn ihr das Sein auf einer Ebene mit allen Sinnen erfahren könnt. Und wer kann das schon? Sein ist, und es ist nicht gut, noch das menschliche Denken mit hineinzubringen, wenn es nicht wirklich frisch und klar erfolgt.

Frage: Was ist Karma?

K.: Ein Gesetz, das von Religionsanhängern mißbraucht oder

mißinterpretiert und oft dazu benutzt wird, Unterlegene zu manipulieren.

Im eigentlichen Sinne ist Karma das Gesetz der Schwingungen. Da jeder Gedanke, jedes Gefühl, jede Tat Schwingungen freisetzt, ergibt sich daraus ein Netz von unterschiedlichsten Schwingungen. Es sind Teilchen, Wellen, die ihrerseits jederzeit wieder etwas in Gang setzen. Es ist ein sehr komplexes Gebilde, das durch alle Zeiten, alle Ebenen hindurch wirkt.

Frage: Was ist Gnade?

K.: Gnade kann irdisch oder «himmlisch» interpretiert werden. In der Welt wird der Begriff für unverdientes Glück verwendet, das ein Gläubiger erfährt; am meisten benutzen Katholiken diesen Begriff. Im himmlischen Sinn steht Gnade für eine Unterbrechung oder Tilgung von negativem Karma.

Zum Beispiel: Ein Mensch hat für seine Mitmenschen im Leben nicht viel Gutes getan. Dann gerät er in eine Situation, bei der er mit anderen in Lebensgefahr gerät. Er hilft, die anderen zu retten, und setzt sein Leben für sie aufs Spiel. Die geistigen Führer erkennen seine Absicht, sich zu opfern, und sie helfen, sein Leben zu retten. Später sagt dieser Mensch: «Es war reine Gnade, daß ich überlebt habe.»

Frage: Suchen wir uns freiwillig unser Schicksal vor unserer nächsten Inkarnation aus?

K.: Suchst du dir freiwillig Krebs oder AIDS aus? Suchst du dir freiwillig aus, miterleben zu müssen, wie Menschen, die du sehr liebst, sterben? Es ist ein gewisser Zwang des Karmas, deines Karmas, das dich dazu bringt, dir für ein kommendes Leben Situationen auszusuchen, durch die du die Karmagesetze immer besser erkennen kannst.

Wenn du glaubst, daß es für dich nicht nötig ist, sich mit den Karmagesetzen zu beschäftigen, versäumst du eine Menge Zeit. Eine menschliche Inkarnation ist kostbar, wenn der Mensch das Leben sinnvoll lebt, das heißt, seinen Geist zähmt und ein Gefühl dafür bekommt, was zum Beispiel Anhaften – an

Gedanken, Dingen, Menschen, Gewohnheiten – und was Loslassen bedeutet.

Frage: Ist das Leben vorbestimmt?

K.: Leben ist zum Leben bestimmt. Du meinst mit deiner Frage, ob wir auf Ereignisse in unserem Leben Einfluß haben oder ob etwas eintritt, gleich, wie wir uns verhalten. Wer sollte etwas vorbestimmen, wenn nicht wir selbst durch unser in Gang gesetztes Karma.

Frage: Was geschieht beim Sterben?

K.: Sterben ist Entwerden und Werden. Es ist ein fortgesetztes Sichwandeln und Verändern – von einem Zustand in einen anderen. Wir gehen immer wieder durch größere oder kleinere Verwandlungsprozesse, schon in einem Leben. Jede echte, geistige Erkenntnis verwandelt einen, das ist so. Prüfe es selbst.

Gehe in deinem Leben noch einmal durch die verschiedenen Stationen deiner geistigen Entwicklung. Bist du nicht schon viele Tode gestorben, und hast du nicht immer wieder eine Art Auferstehung erlebt, mit neuem Denken, Fühlen, Erkennen?

Frage: Was ist Tod?

K.: Tod ist nichts, wovor man sich ängstigen müßte. Tod ist Lebenseintritt auf einer anderen Ebene, eine Art Geburt, eine Geburt der feinstofflichen Körper.

Frage: Was kommt nach dem Tod?

K.: Sehr oft folgt eine neue Inkarnation. Auf jeden Fall geht das Leben weiter. Ein Leben ist erst dann wirklich beendet, wenn das Bewußtsein sich im reinen Geist auflöst, wenn es selbst reiner Geist geworden ist. Doch das zu beschreiben, übersteigt euer Verständnis.

Frage: Wie kann ein Mensch einem anderen verzeihen?

K.: Nicht um das Verzeihen geht es, sondern darum, seinen Egostolz aufzugeben. Es geschieht nichts, was nicht geschehen muß. Für den einen Menschen ist alles Schicksal. Er beugt sich und trägt es, weil ihm nichts anderes übrigbleibt. Er birgt tief in seinem Innern seine Aggressionen und seinen Groll, aber er zeigt es nicht. Er kann dem anderen so lange nicht verzeihen, wie er ihm Macht einräumt, Macht, über ihn zu bestimmen.

Das kann auch geschehen, selbst wenn eine Tat schon viele Jahre zurückliegt und der Mensch, der sich verletzt fühlt, bis ins hohe Alter dem anderen dafür Vorwürfe macht, nicht nur für die Tat als solche, sondern auch für alle Folgen, die daraus entstanden sind. Das kann soweit gehen, daß aus dem ehemals Verletzten ein schwacher, bösartiger, an sich und der Welt leidender Mensch geworden ist. Es steckt reine Aggression dahinter. Wenn man die eigenen Aggressionen erkennen und loslassen kann, würde sich die Frage nach dem Verzeihen überhaupt nicht stellen.

Frage: Wie kann ein Mensch sich selbst verzeihen?

K.: Es sind Autoaggressionen, die den Menschen dazu bringen, sich selbst Vorwürfe zu machen, sich selbst leid zu tun und ein miserables Leben zu führen. Sich selbst sein Leben zu vergiften mit Gedanken wie: «Ach, hätte ich doch dieses oder jenes getan oder nicht getan» heißt, sich schon zu Lebzeiten seine eigene Hölle bereiten.

Ein Mensch kann sich selbst verzeihen, wenn er lernt, reines Denken zu praktizieren. Keine Meinungen, keine Interpretationen, keine alten Gewohnheiten. So neu und unschuldig denken wie zum ersten Mal. Dann lösen sich alte Muster auf, und neue Perspektiven zeigen sich. Vielleicht gibt es dann keinen Grund für Verzeihen oder Nichtverzeihen.

Frage: Was ist Freude?

K.: Freude ist, in einem Zustand der reinen Erkenntnis zu sein. Sie ist ein Zustand des Einsseins mit allem. Für die wenigsten Menschen ist das in einem Leben zu erreichen. Für den Sprecher ist es reine Freude. Ich danke dir.

P. Y., indischer Heiliger

Frage: Was ist im Leben wichtig?

P. Y.: Sich für das Geistige zu interessieren, sich voller Freude jeden Tag bewußt werden, daß Gott für dich da ist. Es ist eine Frage der Übung und Gewohnheit, Gott als seinen besten und nächsten Freund zu erleben. Es gibt nichts Wichtigeres und auch nichts Schöneres, als diese Freundschaft zu pflegen. Für einen Menschen, der viele Ängste hat, kann es das Heilmittel sein zu wissen: Gott ist in ihm und mit ihm.

Frage: Was ist Karma?

P. Y.: Es ist das ewige Gesetz der gerechten Folgen von Geschehnissen, die einmal in Gang gesetzt wurden. Reue ist ein Faktor, der karmische Schwingung verändern kann. Natürlich bewirkt Haß auf der anderen Seite das Gegenteil. Dadurch verschlimmert sich das Karma.

Frage: Was ist Gnade?

P. Y.: Für den wahren Gläubigen ist es die reine Liebe Gottes. Sie ist durch nichts zu beeinflussen und durch nichts zu erhandeln. Sie ist Gottes Geschenk für seine geliebten Kinder, und oft kommt dieses Geschenk völlig unerwartet. Heilige erleben Gnade in unermeßlichem Maße. Es ist fast wie Brot für ihre Seelen, eben geistiges Manna.

Frage: Suchen wir uns unser Schicksal vor unserer nächsten Inkarnation aus?

P. Y.: In gewissem Sinne ja. Jede Seele will sich entfalten und nimmt auf ihrem Weg durch das Leben und durch die vielen Ebenen Prüfungen auf sich, Lernsituationen, um sich zu verfeinern, zu reinigen und immer lichter und edler zu werden. Je reiner sie wird, desto intensiver erfährt sie göttliche Freude, und das ist ja die Sehnsucht jeder Seele, dem geliebten Gott so nahe wie möglich zu kommen.

Frage: Ist das Leben vorbestimmt?

P. Y.: Wir bestimmen es durch unsere Vorhaben und Ziele größtenteils selbst.

Frage: Wie geht das Sterben vor sich?

P. Y.: Das Sterben ist ein Sichtrennen von irdischen Gewohnheiten, Dingen, Körpern. Du kannst leicht hinübergehen, das heißt die andere Welt betreten, wenn du rein und ohne Hader und Groll bist. Für einen Menschen mit Haß im Herzen gestaltet sich das Sterben schwerer. Die Energien zwingen ihn loszulassen, doch sein Bewußtsein klammert sich an Vorstellungen, die natürlich Illusionen sind. Doch das erkennt der Mensch erst sehr langsam. Er leidet seelische Schmerzen. Wir wissen ja, daß das Auflösen von Illusionen schon in diesem Leben schmerzhaft ist. In dem anderen ist es ähnlich.

Frage: Was ist Tod?

P. Y.: Tod ist Ruhe für das Bewußtsein, damit es sich erholen und Kraft tanken kann. Ein Mensch kann sich nach seinem Tod in der anderen Welt ausruhen, erholen und stärken.

Frage: Was kommt nach dem Tod?

P. Y.: Nach dem Tod kommt Leben in anderen Formen. Es wird je nach der Ebene immer lichter und feiner. Eine immer größere Heiligkeit durchdringt alles.

Frage: Wie oft muß ein Mensch inkarnieren?

P. Y.: So lange, bis er sein Ziel erreicht hat. Es gibt für alle nur ein Ziel: die höchste Vereinigung mit Gott.

Frage: Wie kann ein Mensch einem anderen verzeihen?

P. Y.: Einem Menschen verzeihen bedeutet, ihn zu lieben, ihn in sein Herz zu nehmen und innerlich seine seelischen Wunden zu heilen. Für Jesus war das: Betet für eure Feinde, verzeiht unendlich viele Male.

Frage: Wie kann ein Mensch sich selber verzeihen?

P. Y.: Sich selber zu verzeihen ist fast schwerer als einem anderen zu verzeihen, weil einem von außen keiner Vorwürfe macht, sondern eine innere Stimme, die, wie man meint, dem eigenen Gewissen angehört. Gib dich in Gottes Hände, bete zu

Ihm, bereue, und nimm die göttliche Gnade der unendlichen Liebe an. Du bist Gottes Kind, freue dich über die große Liebe deines Vaters, und mißachte sie nicht, indem du weiterhin in deinen Selbstvorwürfen verharrst.

Frage: Was ist Freude?

P. Y.: Freude ist Gott, Freude ist Gottesliebe; die Anwesenheit Gottes zu spüren ist Freude für die Seele. Richte deine inneren Antennen, deine Aufmerksamkeit auf die göttliche Anwesenheit in Seiner Schöpfung, und du wirst unendliche Freude erfahren.

In jeder Blume, jedem Stern schaut Gott dich an. Du siehst Ihn in den Augen der Menschen, wenn du in ihre Seelen schaust. Sieh das Wesentliche, das, was dahinter ist, und bleibe nicht an Äußerlichkeiten hängen.

R. M., großer Heiliger und Weiser aus Südindien

Frage: Was ist im Leben wichtig?

R. M.: Finde heraus, wer du bist; das ist der einzige Weg im Leben, Heiligkeit zu erlangen. Du mußt fragen und fragen: «Wer bin ich?» Alle Antworten führen dich tiefer und tiefer in die Wahrheit. Es gibt dich nicht, es gibt nur Brahman – Er ist alles.

Frage: Was ist Karma?

R. M.: Karma ist Weisheit, die der Schöpfung innewohnt. Ein Weiser erkennt und lebt die Gesetze. Sie heißen als Gesamtes Dharma und bedeuten gleichzeitig Schöpfung, Weisheit, (wahre) Religion, Leben im Geist.

Karma ist eine Schulung für den menschlichen Geist, für die Entfaltung der menschlichen Seele. Auch hier frage dich: «Wer bin ich? Wer tut etwas? Wer bewirkt etwas?» Eine Antwort bekommst du je nach deiner Kapazität des Verstehens. Eine junge Seele versteht etwas anderes als eine alte weise. Aber zu fragen «Wer bin ich?» führt dich auf den Weg.

Frage: Was ist Gnade?

R. M.: Gnade ist kosmische Liebe, Liebe ist Gnade und umgekehrt. Gnade ist auch in der Karmalehre das liebende Verändern von schwierigen Situationen durch höhere Geistwesen, so daß schwere karmische Situationen sich lösen und zum Guten wandeln.

Frage: Suchen wir uns unser Schicksal vor unserer nächsten Inkarnation aus?

R. M.: Ja, wir wollen geistig fortschreiten und suchen uns unser Leben vorher aus. Viele Menschen kennen sogenannte Déjà-vu-Erlebnisse, oft erinnern sie sich genau in dem Augenblick, wo etwas geschah, daß sie das doch schon irgendwo mal erlebt oder gesehen haben. Schwere Erlebnisse suchen wir uns aus, um daran geistig zu wachsen, das heißt, eine größere Kapazität und Reife zu entwickeln.

Frage: Was ist Sterben?

R. M.: Sterben ist, wenn ein Sinn nach dem anderen schwindet. Fühlen, Sehen und Hören werden schwächer und schwächer, du nimmst die irdischen Dinge nicht mehr wahr, nicht mit deinem Körper. Dafür tritt das Bewußtsein aus dem physischen Körper aus. Es ist immer noch von den feinstofflichen Körpern umgeben. Und du kannst dich frei bewegen. Kein schwerer Körper hindert dich mehr. Keine materiellen Grenzen schränken dich ein. Es ist schön, gestorben zu sein.

Frage: Was ist Tod?

R. M.: Tod ist ein Begriff, den das menschliche Denken mit Angst belegt hat. Der Tod ist ein Freund des Menschen. Stelle ihn dir eher als schönen Engel vor, der dich liebevoll in seine Arme nimmt und dich willkommen heißt in deiner wahren Heimat.

Frage: Was kommt nach dem Tod?

R. M.: Kein Mensch kann wirklich beschreiben, was nach

dem Tod kommt. Leben, Leben, Leben! Aber in welcher Herrlichkeit, welchen Farben und Formen, welcher Glückseligkeit! Die irdische Sprache reicht nicht aus, das zu beschreiben.

Frage: Wie oft muß ein Mensch inkarnieren?

R. M.: Sehr oft. Er vergißt seine Inkarnationen sehr lange. Dann beginnt er zu fragen und zu forschen. Wenn ihm jemand sagt, er war in einem früheren Leben ein König, dann ist er stolz darauf. Was bedeutet das schon für sein jetziges Leben? Es sind alles nur Erscheinungsformen. Er muß fragen und fragen, wer er wirklich ist, nicht, welche Rollen er gespielt hat oder spielt.

Frage: Wie kann ein Mensch anderen verzeihen?

R. M.: Indem er das Spiel von Maya durchschaut. Es ist ein Werden und Vergehen und Werden, ein Kommen und Gehen, ein Geborenwerden und Sterben. In einem Leben füge ich meinem Bruder Schaden zu, im nächsten tut er mir etwas an. Reagiere ich, indem ich ihm wiederum schade, halte ich das Rad des Karmas in Gang. Reagiere ich nicht, füge ich ihm und keinem Wesen absichtlich Leid zu, so kann ich das Rad langsamer laufen lassen und vielleicht einmal ganz anhalten, das heißt aussteigen aus dem Kreis von Leben und Sterben und Leben.

Frage: Wie kann ein Mensch sich selbst verzeihen?

R. M.: Indem er sich dem Wohlergehen aller Wesen widmet, wie auch immer. Selbst ein sehr alter, schwacher Mensch kann für andere noch beten. Sich selbst verzeihen bedeutet, seine Aggressionen gegen sich und andere aufzugeben.

Frage: Was ist Freude?

R. M.: Freude kann ich dir nicht beschreiben, ohne in Ekstase zu geraten. Es ist Gott, Brahman in dir, du in Ihm – Seligkeit – Süße – Vergehen vor erfüllter Sehnsucht.

Übung

Sitze jeden Tag für eine bestimmte Zeit, wenn du durch nichts gestört wirst, und frage mit dem Einatmen: «Wer bin ich?» Beim Ausatmen denkst du nichts.

Du beginnst mit einer knappen halben Stunde und kannst dich auf ein bis zwei Stunden steigern. Aber, wie gesagt, mache diese Übung zu Hause oder an einem heiligen Ort der Natur. Tue es nicht beim Autofahren oder in den Straßen einer Stadt. Bereite den Ort vor, an dem du deine Übung machst. Räucherstäbchen (Sandelholz), eine Kerze, Blumen können einen Ort reinigen und einstimmen.

«Wer bin ich?» frage dich immer wieder unablässig.

Mutter K., indische Heilige

Frage: Was ist wichtig im Leben?

Mutter K.: Du mußt lernen, echt zu sein. Du findest soviel Falsches in der Welt. Ein Empfinden für das Echte mußt du entwickeln, Unterscheidungskraft üben. Wenn du hinter dem Äußeren, hinter den Erscheinungsformen etwas spürst, was deine Seele erhebt, was sie anrührt, dann ist es echt. Das Echte suchen, das Falsche meiden. Dazu gehören auch falsche Gedanken, falsches Getue.

Frage: Was ist Karma?

Mutter K.: Mit Karma wird viel Unfug getrieben. Die einen haben für die Leiden ihrer Mitmenschen kein Mitgefühl und reden sich heraus, indem sie sagen: «Die haben ja irgendwann etwas Schlimmes getan, daß sie jetzt dieses Leid oder diese Krankheit erleben müssen.» Andere sagen: «Das Leben ist eben so, da kann man nichts ändern. Es ist mein Karma, faul oder

Alkoholiker zu sein oder sonst ein unheilsames Leben zu führen.» Für den Wissenden ist Karma oder Dharma eine hohe Wissenschaft, die noch nach sehr vielen Inkarnationen immer Neues zu lernen fordert.

Frage: Was ist Gnade?

Mutter K.: Gnade ist die Liebe Gottes, der für alle der Eine ist. Diese Liebe wird durch viele seiner geistigen Helfer verwirklicht. Es gibt überall Gnade: auf Erden, in den verschiedenen Himmeln – überall.

Frage: Suchen wir uns unser Schicksal vor unserer nächsten Inkarnation aus?

Mutter K.: Ja, es ist uns wichtig, bestimmte Situationen unseres künftigen Lebens zu sehen, zu gestalten, mit Hilfe unserer geistigen Führung, und gemeinsam mit ihr für uns einen inneren Fahrplan zu erarbeiten. Insofern bestimmen wir unser Leben selbst.

Frage: Was geschieht beim Sterben?

Mutter K.: Sterben ist sozusagen ein einmaliges Erlebnis, auch wenn wir es wieder und wieder durchlaufen. Es ist eine heilige und natürliche Sache. Sterben ist Hinübergehen in die lichte Welt der Liebe und des Geistes; den physischen Körper, der vielleicht krank und voller Schmerzen war, abzulegen und die irdischen Grenzen hinter sich zu lassen. Sterben ist ein Grund zur Freude.

Ist das Sterben schon Freude, so ist der Tod die Ursache, der Welt den Rücken zu kehren, seine Seele in die liebenden Hände unseres Gottes zu legen und uns nur noch in Liebe geborgen zu wissen.

Frage: Was ist nach dem Tod?

Mutter K.: Nach dem Tod ist göttliche Herrlichkeit – nichts weiter.

Frage: Wie oft muß ein Mensch inkarnieren?

Mutter K.: So lange, bis er Gott verwirklicht hat.

Frage: Wie kann ein Mensch einem anderen verzeihen?

Mutter K.: Wenn ein Mensch in sich die göttliche Liebe wachsen läßt, kann er überhaupt nicht anders als verzeihen. Es gibt nur die eine Liebe, die wahre. Alle übrigen Formen sind Illusionen. Gott ist Liebe und Vergebung. Wenn du in Gott bist, liebst du und verzeihst du.

Frage: Wie kann ein Mensch sich selbst verzeihen?

Mutter K.: Wenn ein Mensch in Gott ist, vergißt er sein kleines Ich völlig. Da ist kein Platz für Selbstvorwürfe. Hingabe an Gott löst Aggressionen auf, und wenn ein Mensch sich selbst Vorwürfe macht, hat er Aggressionen gegen sich und damit gegen Gott.

Frage: Was ist Freude?

Mutter K.: Freude ist, in Gott zu sein und alle leidenden Wesen mit in Gottes Herz zu nehmen. Gott segne dich!

———————————— ❧ ————————————

Übung

Sei in dir ruhig. Denke an deine göttliche Seele, die voller Sehnsucht nach Gott, ihrem Geliebten, ist. Spüre die Sehnsucht, sie trägt dich höher und höher. Du weißt, dein Geliebter erwartet dich. Mit jedem Einatmen steigt deine Seele höher. Immer lichter wird es um sie, vielleicht hörst du himmlische Musik. Laß dich höher tragen.

Alles, was der Seele begegnet, soll sie noch höher bringen. Dann spürst du Wellen von grenzenloser Liebe. Du vergißt dich völlig, deinen Körper, die Erde, alles, was hinter dir liegt. Du gibst dich hinein in diesen Strom der Liebe, der dich zu Ihm trägt.

———————————— ❧ ————————————

C. T., bekannter tibetischer Meister

Frage: Was ist wichtig im Leben?

C. T.: Es ist für jeden Menschen wichtig, daß er das, was er tut, so sorgfältig wie möglich macht. Es kommt auf seine Intention an. Er sollte keinem Menschen, überhaupt keinem Wesen schaden wollen. Dies ist gar nicht so einfach, denn er muß sich dessen bewußt sein, was er denkt, sagt, tut. Wenn er einem anderen etwas sagt, muß er den richtigen Zeitpunkt abpassen. Es gibt ein anderes Ergebnis, je nachdem, wann und wie einer etwas sagt oder tut. Wichtig ist also die Reinheit der Intention und die Achtsamkeit.

Frage: Was ist Karma?

C. T.: Karma ist Schwingung, die unsere einmal in Gang gesetzten Taten in Ergebnisse verwandelt. Alles Tun ist Karma, sei es gut oder schlecht, es setzt etwas in Bewegung. Gehe davon aus, daß Karmagesetze keine Rachegötter sind. Es sind vielmehr sehr weise Schöpfungsgesetze, die in der Lehre des Dharma zusammengefaßt sind.

Frage: Was ist Gnade?

C. T.: Gnade ist ein Geschenk der geistigen Hierarchie oder der Götter, wie manche Menschen sagen. Sie tilgt schlechtes Karma, indem die geistigen Helfer die Schwingungen ändern, sozusagen die karmische Schwingung harmonisieren und auch transformieren.

Frage: Suchen wir uns unser Schicksal vor unserer nächsten Inkarnation aus?

C. T.: Ja, es ist so, daß wir unser Leben im Ablauf vor uns sehen und besonders wichtige Situationen mit unseren geistigen Führern besprechen. Ich hatte mir den Motorradunfall ausgesucht, um die Erfahrung zu machen, wie stark Bewußtsein imstande ist, trotz physischer Hilflosigkeit klar zu bleiben und das Denken im Dharma sein zu lassen.

Frage: Ist unser Leben vorbestimmt?

C. T.: Von wem, wenn nicht von uns, sollte es «vorbestimmt» sein? Es gibt nichts Zufälliges, was nicht für unser Leben und unsere Entwicklung einen Sinn haben kann. In diesem Sinn fällt einem etwas zu, aber es ist nie willkürlich.

Frage: Was geschieht beim Sterben?

C. T.: Sterben ist eine leichte Angelegenheit, wenn man sich früh genug mit dem Tod beschäftigt. Für einen Ungläubigen ist es komplizierter, wenn er gestorben ist. Dann ist er oft ratlos und ohne Orientierung. Er fühlt sich noch so wie im richtigen Leben, doch die noch Lebenden sehen und hören ihn nicht mehr. Für die Entwickelten ist es eine glückliche Heimkehr, und für viele ist es ein Wiedersehen mit geliebten Lehrern, geistigen Führern, Helfern und Freunden.

Frage: Was ist Tod?

C. T: Tod ist eine Station im Strom des Seins, die dich unweigerlich in neue Bewußtseinszustände bringt. Richte dein Leben so ein, daß es dir leichtfallen wird zu sterben. Mache dir bewußt, daß jeder Tag dein letzter sein kann. So wirst du innerlich frei und lernst, dich auf Wesentliches zu konzentrieren und anderes loszulassen.

Frage: Was kommt nach dem Tod?

C. T: Nach dem Tod kommen immer wieder neue Bewußtseinsformen und Zustände. Es ist ein steter Prozeß des Werdens und Vergehens.

Frage: Wie oft muß ein Mensch inkarnieren?

C. T.: Ein Mensch inkarniert unzählige Male, weil er das Leben braucht, um den Dharma zu meistern. Meister inkarnieren freiwillig, um den leidenden Wesen direkte Hilfe zu geben.

Frage: Wie kann ein Mensch einem anderen verzeihen?

C. T.: Quatsch! Im menschlichen Denken werden Vorstellungen entwickelt, was ein Mensch tun soll und was nicht. Es werden Normen, es werden Gesetze gemacht, von Menschen, die anderen vorschreiben, wann sie sich schuldig machen und wann nicht.

Es sind keine echten Schulden, die ein Mensch einem anderen vorhalten kann. Der eine hat durch sein Verhalten eine bestimmte Aufgabe erfüllt, eine karmische Situation geschaffen, durch die der andere die Chance hatte, etwas zu lernen, sich zu verbessern und an seinem Bewußtsein zu arbeiten. Es gibt nichts außer Dankbarkeit, was ein Mensch für einen anderen empfinden kann.

Es ist doch möglich, daß dieser eine mit menschlichen Augen gesehen schlimme Tat verübte und damit sein eigenes Karma belastet hat, um dem anderen auf seinem spirituellen Weg weiterzuhelfen. Die Christen können das an Judas sehen. Einer mußte die Rolle des Verräters in diesem Drama spielen – Judas hatte sich bereit erklärt. So sollten die Christen doch für Judas beten, statt ihn zu verdammen.

Frage: Wie kann ein Mensch sich selbst verzeihen?

C. T.: Ein Mensch kann sich selbst verzeihen, wenn er den Dharma studiert und danach lebt. Er wird auch dann immer wieder in Situationen kommen, in denen er geprüft wird, wie er sich verhält. Verhält er sich so wie früher oder anders, wenn er den Dharma verinnerlicht hat und ihn wirklich lebt und nicht nur darüber redet?

Frage: Was ist Freude?

C. T.: Freude ist und Nichtfreude ist. Leben ist. Finde den Ort in dir, wo du das erfahren kannst. Suche nicht außen. In dir ist alles. Und dann erkenne, daß du grenzenlos bist – Sein bist.

Übung

Sitze ruhig und betrachte, was ist. Vielleicht hast du Schmerzen in deinen Beinen. Erkenne es, gehe hinein in das Gefühl und gehe hindurch, aber werte nicht. Sage nicht innerlich zu dir: «Schrecklich, jetzt tut wieder etwas weh.» Die Gedanken reden sowieso schon viel zuviel dazwischen.

Sitze und fühle, spüre deinen Hintern auf der Unterlage, das ist alles. Fühle, wie es dich atmet, das ist alles. Kommen Gedanken – und sie werden kommen –, denke nur das Wort «DENKEN». Letztlich ist alles Denken, selbst deine Gefühle interpretierst du mit deinem Denken.

Sitz, nimm wahr, nimm alles so, wie es ist, weiter nichts. Das Denken kommt mit der Zeit zur Ruhe, und du wirst fähig, besser mit dem Leben umzugehen. Du erkennst, daß durch die Übung des Sitzens deine Ungeduld gezähmt und dein Denken klarer wird. Es ist eine Übung, die für jeden durchführbar ist.

Ich danke dir für deine feine Hilfe.

8
Ursache und Wirkung

Sünde ist der Brennstoff für das Feuer der Tugend.
Hazrat Inayat Khan

Kann der Mensch sein Leben gestalten, ohne Vorschriften zu befolgen? Kann er ein intelligentes Wesen werden, ohne daß er gesagt bekommt, was er machen muß? Ist es möglich, daß einem Menschen soviel Weisheit innewohnt, daß er von sich aus dem Weg der spirituellen Entfaltung folgen kann?

Gehen wir einmal davon aus, daß der Mensch beim Spiel sehr viel lernen kann. Warum sind dann die Schulen, Gymnasien voll mit neurotischen Lehrern, gestörten Kindern und Heranwachsenden? Liegt es an den Erwachsenen, die sich zu oft in ihrem Beruf verschleißen? Liegt es an den Kindern, die von Zuhause zunehmend andere Eigenschaften mitbringen als frühere Generationen? In den Schulen herrscht zu oft Kampfstimmung. Wird hier überhaupt noch an Gewissensbildung gearbeitet, oder wird hier ein Wettkampf um intellektuelle Höchstleistungen geführt?

Wenn ein Mensch lernt, sein Gewissen zu bilden, so lernt er Verantwortung zu übernehmen. Es ist sicher etwas außerordentlich Wichtiges, einem Kind, seiner Intelligenz, seinem Verständnis, seinem Alter entsprechend ein Gefühl für Verantwortung zu geben.

Es gibt heute zunehmend berufstätige und oft auch alleinerziehende Mütter. Ich weiß aus der Praxis, wie schwer es Müttern fällt, ihre heranwachsenden Kinder an den Haushaltspflichten zu beteiligen. Sie müssen mit Taschengeldkürzungen und sogar Ausgehverbot drohen, weil die jungen Menschen lieber nach dem Lustprinzip leben. Sie leben bei ihrer Mutter wie in einem Hotel, sie lassen für sich kochen und putzen und sehen sich nicht veranlaßt, ihren Anteil an den Haushaltspflichten zu übernehmen.

Die Eltern dieser Kinder sind die Generation der endfünfziger Jahre. Damals kam die antiautoritäre Erziehung auf. Kinder, egal wie jung, wurden einerseits als ebenbürtige Partner betrachtet, und andererseits hatten sie endlich das volle Recht, Kind zu sein, ohne Einschränkungen, dafür mit allen Auswüchsen, die die Impulsivität eines Kindes mit sich bringt. Die Eltern hatten Bedenken, einem Kind Grenzen zu setzen.

Warum das alles? Weil wir damals schon mit diesem Leben und seinen Formen nicht zufrieden waren und neue Wege suchten. Die Eltern dachten eher daran, ihre Kinder zu verwöhnen, und wunderten sich, wenn sich aus ihren Kleinen in kurzer Zeit Tyrannen entwickelten, die auf immer neue Art ihre Grenzen suchten und nicht bekamen.

Gewissensbildung ist ein belastetes Wort; gerne überläßt man diese Angelegenheit, wie man glaubt, kompetenteren Leuten, als man es selbst ist. Außerdem will man es sich ja mit seinem Kind auch nicht verderben. Wozu sind schließlich die Kirche da und die Lehrer? «Die» werden dem Kind dann schon alles das beibringen, wozu man selbst nicht in der Lage war.

Viele Menschen, die den Beruf des Lehrers wählten, hatten ursprünglich viele Ideale. Nicht jeder, der Lehrer wird, denkt nur an die vielen Ferien und die bezahlten Feiertage. Es gibt viele Menschen, die es sich sehr gut vorstellen können, mit Kindern und Jugendlichen zusammenzuarbeiten, diese zu fördern und ihnen zu helfen, sich auf vielen Gebieten zu entwickeln. Anscheinend ist die Ausbildung, die die Lehrer erfahren, nicht ausreichend. Vielleicht wird auch zu wenig auf ihre psychische Stabilität geachtet.

Zu viele Menschen im Lehrerberuf werden psychisch krank und bringen dann immer mehr von ihren wachsenden Neurosen mit in die Schule. Sie gehen an ihrem einmal so voller Idealismus angenommenen Beruf zugrunde. Nun ist das ja nicht so, daß die Schüler von der Verzweiflung und der Veränderung der Lehrer nichts mitbekommen.

Einerseits reagieren die Schüler mit Aggressionen, weil sie sich Führung und Hilfe von den Lehrern erwarten und, wenn diese ausbleibt, sich hilflos und ausgeliefert fühlen. Hinter Aggressionen steht sehr oft Hilflosigkeit, weil keine Wahlmöglichkeit der Handlung und Reaktion besteht. Kinder und Lehrer gestalten sich jeden Tag aufs neue ein schulisches Inferno. Sicher gibt es unterschiedliche Ausrichtungen und Schulsysteme. Manche Schulen mögen akzeptabel sein, doch ich spreche hier hauptsächlich über das allgemeine Schulsystem.

Wenn ein Kind klein ist und seine Grenzen testet, was besonders gut im Alter von zweieinhalb bis dreieinviertel Jahren zu sehen ist, werden ihm die ersten Vorschriften gemacht. «Sei leise, benimm dich, rede nicht dauernd dazwischen, sei nicht... so laut... so unruhig...» Das Kind weiß aber nicht, warum es dieses und jenes nicht machen soll.

Es hört immer wieder «Sei nicht...» und verinnerlicht unbewußt diesen Befehl. Es fühlt irgendwann keine Berechtigung mehr zum Dasein und macht sich Schuldgefühle, wenn es so ist, wie es ist. Es nimmt, auch unbewußt, an, irgend jemand anderes habe mehr Daseinsberechtigung als es selbst, und dem nehme es den Platz weg, das Essen, die Luft zum Atmen.

Machen die Eltern dem Kind keine Vorschriften, so arbeiten sie oft mit Sätzen wie: «Wenn du nicht endlich ruhig bist, bekommt Mami wieder Migräne» oder ähnlichem. Schon sehr früh wird mit Schuldzuweisungen gearbeitet, natürlich auch zu Unrecht.

Vorschriften, Gesetze werden gegeben, damit der Mensch sie einhält. Da sind Menschen, die glauben zu wissen, was für die anderen gut und richtig ist. Sie denken sich Vorschriften aus und zwingen die anderen, sich danach zu richten. Richten sich die anderen aber nicht danach, so werden sie bestraft. Manchmal nehmen die Gesetzeshüter oder Vorschreiber auch noch höhere Instanzen als Rückendeckung. Die Eltern sagen dann: «Wenn du dein Pausenbrot in den Mülleimer wirfst, verhungert in Afrika dafür ein Kind, und der liebe Gott ist dann böse auf dich.» Später, wenn die Menschen älter werden, kommt der Begriff Sünde mit ins Spiel. Je nach Religionszugehörigkeit ist es Sünde, Schweinefleisch zu essen, als Frau ohne verhüllten Kopf auf die Straße zu gehen; es ist Sünde, Sexualverkehr zu haben, ohne Kinder zeugen zu wollen; es ist Sünde, Alkohol zu trinken oder nicht zu fasten oder den moralischen, religiösen Gesetzeshütern zu widersprechen. Je nach Zugehörigkeit zu einer bestimmten Gruppe ist etwas Sünde oder auch nicht.

Es ist Sünde, wütend auf seine Eltern zu sein, auch wenn diese einen vielleicht unendlich gequält haben. Es wird den Menschen vorgeschrieben, was sie fühlen dürfen, was sie tun müssen und was nicht. Sie müssen nur gehorchen; nicht ihrem Gewissen, das vielleicht völlig unterentwickelt ist, sondern wieder anderen Menschen, die sich anmaßen, es besser zu wissen, und dabei sehr oft ihre Machtvorteile gewaltig ausnutzen.

Kann das so richtig sein? Soll das durch alle Zeiten so weitergehen? Warum ist es nicht möglich, in einem Kind nach und nach das Bewußtsein von Verantwortung zu entwickeln? Verantwortung bedeutet doch, sich bewußtzumachen, warum man etwas tut, darauf Antwort zu geben und nach und nach die Folgen seines Tuns einzuschätzen lernen und anzunehmen.

Gewissensbildung ohne Spiritualität ist wahrscheinlich gar nicht möglich. Damit ist die jedem Menschen innewohnende Spiritualität gemeint und nicht die Angehörigkeit zu einer bestimmten Gemeinschaft.

Hier sind wir bei den Karmagesetzen. Diese gelten für alle Menschen, gleich welcher Religion sie angehören oder nicht angehören. Das Karmagesetz sagt: Ich bewirke durch bestimmtes Verhalten oder Tun eine Ursache und erlebe dann die Wirkung.

Ich verantworte mein Tun, indem ich die Wirkungen akzeptiere. Sind die Wirkungen für mich unangenehm, werde ich sicher lernen, mich in Zukunft anders zu verhalten. Ich werde Heilsames tun, Unheilsames unterlassen und das Wohl eines jeden, eingeschlossen mich selbst, beachten und fördern. Diese Art, Mitgefühl und Wohlwollen zu entwickeln, fördert die Gewissensbildung.

Vorausgehen kann eine Übung mit dem Ziel, sich achtsam, das heißt aufmerksam durch das Leben zu bewegen, aufmerksam zu werden für die eigenen Gefühle und Gedanken und zu lernen, mit der eigenen Ungeduld und Unwissenheit umzugehen. Gerade für impulsive Kinder ist es wichtig zu lernen, nach und nach damit umzugehen, ohne ihre Kindlichkeit zu verlieren. Sie lernen im Spiel den Wechsel zwischen Ruhe beim Sitzen, beim Beten, beim Meditieren, bei der Beobachtung ihres Atems und dem bewegten, normalen Leben wahrzunehmen.

Gewissensbildung ist sicher eine Vorbedingung, um später im Leben mit den Themen Verzeihen und Versöhnen umgehen zu können.

9
Mitgefühl erweckt Verständnis

Wir sollen die Vergangenheit vergessen, die Gegenwart beherrschen und die Zukunft vorbereiten.

Hazrat Inayat Khan

Was ist Ihre Meinung über Diktaturen? Sicher sind Sie der Meinung, daß Diktaturen nicht nötig sind. Bedenken Sie aber, daß es Menschen gibt, die absolut nicht wissen, was sie wollen. Sind diese dankbar, wenn ihnen ein anderer sagt, was sie machen sollen? Im Leben gibt es die Gegensätze, Yin und Yang nennen es die Taoisten. Solange es Menschen gibt, die anderen die Macht einräumen, ihnen zu sagen, wie sie sich verhalten sollen, was sie denken sollen, was sie nicht tun sollen, solange wird es auch diejenigen geben, die diese Macht ausnützen. Beide ergänzen sich. Solange es diese Konstellationen gibt, wird es auch Verletzungen, Vorwürfe, Schuldzuweisungen geben und auf der anderen Seite Selbstvorwürfe, Bitten um Verzeihung und Entschuldigungen. Wem soll ein Mensch Schuld zuweisen, wenn er einen Fehler macht und dafür die Verantwortung übernimmt?

Wann beginnen wir allein zu denken, für uns zu fühlen und zu entscheiden? Rücksichtnahme ist ein komplexer Begriff, der zu oft von anderen ausgenutzt wird. Wenn ein Mensch eigene Bedürfnisse erkennt und niemandem Schaden zufügt, wenn er sie sich erfüllt, so kann dennoch der Partner neidisch sein und dann diesem Menschen vorwerfen, er sei Egoist. Die Gesellschaft leidet doch heute unter falscher Rücksichtnahme.

Wir wollen dem anderen nicht weh tun, denn wir haben gelernt, daß man das nicht macht. Wir haben unsere Wünsche oder echten Bedürfnisse hintanzustellen, um für den anderen alles zu tun, damit es ihm gutgeht. Und wenn wir Pech haben, dann nutzt dieser das, wiederum vielleicht unbewußt, aus. «Zum Glück» haben wir unser Unbewußtes, wir können darauf all unsere Unwissenheit, all unser egoistisches Tun oder Nichttun abladen.

Wie viele Vorwürfe machen Menschen sich und anderen im Laufe des Lebens. In Familien, Ehen, Freundschaften kann es unterschwellig nur so brodeln. Nach außen wird die Harmonie gewahrt, weil man dem anderen ja nicht weh tun will. Doch die Spannung baut sich auf, Disharmonien schleichen sich ein, einer beginnt psychosomatische Symptome zu entwickeln, es entsteht ein Netz des neurotischen Verhaltens.

Wie oft opfert sich in einer Familie ein Kind als Symptomträger, um die Eltern beieinander zu halten. Es beginnt zu stottern oder wird im späteren Alter nochmals Bettnässer, oder es beginnt unter Schlafstörungen zu leiden und vieles andere. Plötzlich haben die Eltern wieder eine Aufgabe. Waren sie vorher im Krieg gegeneinander, so müssen sie ja jetzt – mit einem kranken Kind – wieder zusammenhalten. Die Frage ist, wer wird wem wann Vorwürfe machen? Und wer verlangt von wem wann, daß er sich entschuldigt für «alles», was er den anderen angetan hat?

Wäre es nicht besser, man brächte uns von klein auf bei, unsere Bedürfnisse erkennen zu lernen und auch mitzuteilen, mit dem Risiko, daß die anderen es nicht verstehen oder nicht akzeptieren, doch auch mit der Möglichkeit der Freiheit, seine Bedürfnisse zu erfüllen und sich wohlzufühlen?

Indem man sich wohlfühlt, kann man viel besser auch für andere wohlwollend sein. Wenn man lernt, für sein Wohlergehen selbst zu sorgen, ist man auch in der Lage, die Bedürfnisse der anderen zu verstehen und ihre Erfüllung zu unterstützen.

Wenn wir uns, jeder für sich, also fragen, was wichtig ist im Leben, so werden wir die unterschiedlichsten Antworten bekommen. Für jeden wird es etwas anderes sein. Der eine möchte lernen und intellektuell viel Bildung erwerben, der andere möchte lernen, seine Bedürfnisse zu erkennen. Ein anderer sucht die spirituelle Entfaltung und Gotteserfahrung, und wieder einer möchte irgendwie der Menschheit dienen.

Den Weg, der für alle richtig ist, den gibt es nicht, sondern es ist jeweils der Weg, den jemand geht, der wichtig ist. Selbst wenn es ein Umweg ist, bietet er die Chance, an eine Kreuzung zu kommen und wieder auf den richtigen Weg zu gelangen.

Es ist im Leben sicher nicht das wichtigste, fehlerfrei zu leben, möglichst zeitig «heilig» zu werden und den Rest des Lebens auf andere herabzusehen, die ihr Leben unbefangen und einfach wie Kinder leben. Es gehört zum Leben, Fehler zu machen, um daraus zu lernen, um andere zu verstehen, die irgendwann auch diese Fehler machen und die sich schlecht fühlen und bei uns Hilfe oder Verständnis suchen. Wie könnten wir anderen Fehlverhalten verzeihen, wenn wir selbst nicht auf unsere Weise immer wieder Fehler begingen?

Es hilft uns nur, wenn wir uns täglich bewußtmachen, daß wir zum Wohle aller Wesen leben wollen, daß wir niemandem schaden wollen und daß wir so schnell wie möglich unsere spirituelle Entfaltung zu erreichen suchen, weil wir dann besser in der Lage sind, für andere von Nutzen zu sein. Wir wissen um unsere Unwissenheit, doch wir können ja nicht warten, bis diese der Erleuchtung Platz gemacht hat.

Wissen wir, wie viele Äonen wir sonst warten müßten? Wir dürfen unsere Unwissenheit auch nicht als Ausrede dafür benutzen, nichts für andere zu tun. Nur Mitleid allein ist keine große Hilfe. Durch Mitleiden können wir dem anderen weder Selbstbewußtsein vermitteln, noch geben wir ihm die Energie, sich selbst zu helfen. Wir leiden mit ihm und schwächen uns noch dazu.

Mitgefühl für die Leiden eines anderen erweckt Verständnis. Und wenn der andere unser Verständnis spürt, fühlt er sich angenommen und erleichtert. Wenn wir dann noch mit ihm über die geistigen, karmischen Zusammenhänge im Leben sprechen, kann ihn das in seiner Erkenntnis ein gutes Stück weiterführen.

Damit meine ich nicht, daß wir sagen: «Siehst du, du hast so etwas Schlimmes getan, nun mußt du natürlich die Folgen tragen und leiden.» Aber das Verständnis für die karmischen Gesetze zu erwecken hilft vielen Menschen, nicht mehr mit dem Leben, dem Schicksal, mit den Eltern oder mit dem lieben Gott zu grollen. «Wie kann der liebe Gott das zulassen, daß Kinder Krebs haben, daß Kinder im Krieg elend umkommen, daß Kinder mißhandelt werden?»

Immer wieder werden diese Gedanken geäußert. Es ist auch nicht zu verstehen, daß ein liebender Gott solche Dinge mit den Menschen, und gerade mit unschuldigen Kindern, macht. Was muß das für ein Wesen sein? Es ist ein Wunder, daß die Menschen letztlich doch noch an Gott glauben, wenn sie gleichzeitig nicht sicher sind, warum Gott solche Dinge tut.

Meinen Sie nicht auch, daß es vielen Menschen neue geistige Perspektiven gäbe, wenn sie Gott einerseits und die Karmagesetze andererseits in Betracht zögen? Karmagesetze sind unabhängig von Religionen, es sind Schöpfungsgesetze, und die Schöpfung ist ja auch unabhängig von Religionen und Gemeinschaften.

Haben wir bisher Mühe genug, Karma überhaupt zu akzeptieren, uns damit anzufreunden, daß wir alle ein individuelles Karma haben, so taucht jetzt der Begriff «Gruppenkarma» auf. So wie wir Einzelwesen sind und doch in kleinen und großen Gruppen leben, so teilen wir auch deren Schwingungen. Es ist kein Zufall, in welche Familie man hineingeboren wird. Es ist kein Zufall, in welcher Stadt, in welchem Land man aufwächst und welche Nationalität man bei der Geburt hat.

Es ist für uns genauso wichtig, wo wir geboren werden, wie auch, wann wir geboren werden. Denken wir nur an all die Jahrgänge, die ab etwa 1925 in Europa geboren wurden. Je nachdem, in welchem Land geboren, gehörten ihnen Menschen an, die verfolgt wurden, die andere verfolgten oder die per Flugzeug todbringende Bomben auf Menschen warfen, die sie gar nicht kannten. Oder sie waren die Opfer; sie hatten kaum Chancen zu überleben, geschweige denn die Möglichkeit einer guten Schulausbildung oder eines Studiums.

Sehr viele Kinder wurden zum Beispiel durch den zweiten Weltkrieg in Deutschland entscheidend geprägt und geschädigt. Die Kinder, die während der Jahre 1941–45 in den Großstädten lebten, hatten all die Jahre weder so viel zu essen, daß sie satt wurden, noch durften sie nachts ungestört durchschlafen. Jede Nacht war mindestens einmal Fliegeralarm, manchmal mußten die Kinder mit ihren Müttern bis zu acht Stunden in Bunkern und Kellern verbringen, in ständiger Todesangst, ob nicht im nächsten Augenblick zentnerschwere Bomben ihrem Leben ein Ende setzen würden.

Als diese Kinder erwachsen waren, hatten sie ihre Schlafstörungen für den Rest des Lebens und ihre Ängste und all die Folgen der Kindheitserfahrungen. Sie erlebten brennende Häuser und Straßen, verstörte Menschen, die ihre Angehörigen suchten, Menschen, die unter eingefallenen Mauern verschüttet waren, Tote am Straßenrand, Feuerwehren mit Sirenen, Sirenen auf den Häusern, die schreckliche, heulende Laute von sich gaben: real erlebte Situationen, die viele Jahre noch durch ihre Träume geisterten. Gruppenkarma! Und keiner gibt diesen Menschen für ihre Leiden eine Entschädigung. Sie haben es ja nicht anders verdient – oder?

Gruppenkarma kann eine Seuche sein, die ein halbes Volk dahinrafft. Es kann ein Erdbeben sein, eine Überschwemmung, die unzählige Leben auslöscht. Gruppenkarma ist Teilhabe an einem größeren, gemeinsamen Geschehen, das auf der gleichen Ursache beruht. Es können auch verschiedene Menschen mit unterschiedlichen Schicksalen zu diesem Ereignis zusammengeführt werden. Es ist eine sehr komplexe Angelegenheit. Einer stirbt und einer wird gerettet, und es ist nicht ersichtlich, wieso das so ist. Auch hier vermischt sich Einzel- mit Gruppenkarma.

Seien wir zuerst einmal überhaupt bereit, uns mit den Folgen unseres Denkens, Fühlens und Tuns auseinanderzusetzen, dieses wahrzunehmen und zu erforschen, was es bei uns und anderen bewirken kann.

10
Licht und Schatten

Selbstmitleid ist die Ursache für allen Lebenskummer.

Hazrat Inayat Khan

Das tägliche Leben schenkt eine Unzahl von Möglichkeiten, uns ärgern zu lassen, uns verletzen zu lassen, uns klein machen zu lassen, uns als unfähig, dumm, unnütz für dieses Leben dastehen zu lassen. Der Mensch ist des Menschen bester Feind. Das Schlimmste: Man ist sich selbst oft der größte Feind. Warum lassen wir es zu, daß wir verletzt werden? Warum können wir nicht einen innerlichen lichten Schutzwall um uns ziehen und uns sagen: Ich bin ein Kind Gottes, oder: Ich habe auch Buddha-Natur, oder: Es kommt keinem Menschen zu, mich absichtlich zu verletzen.

Wenn wir uns intensiver mit der menschlichen Psyche beschäftigen, werden wir vielleicht auch Gedanken von C. G. Jung lesen. Dieser hat erkannt, daß der Mensch im äußeren Leben mit all dem konfrontiert wird, was er in sich hat, womit er aber noch nicht umzugehen in der Lage ist. Die Aggressionen, die ich in mir habe, werde ich, weil ich gelernt habe, daß es böse ist, aggressiv zu sein, unterdrücken und nicht wahrhaben wollen. Doch ich werde immer wieder auf Menschen treffen, die sich mir gegenüber aggressiv verhalten.

Solange ich meinen eigenen Schatten nicht erkenne und akzeptiere, begegnet er mir im äußeren Leben. Neid, Wut, Eifersucht, Habsucht, Geiz oder Disziplinlosigkeit sind alles Schatten, die ich auf keinen Fall in mir haben will. Sie sind schlecht, so hat man mir beigebracht, und ich will gut sein und nicht schlecht. Aber ich muß mich damit auseinandersetzen.

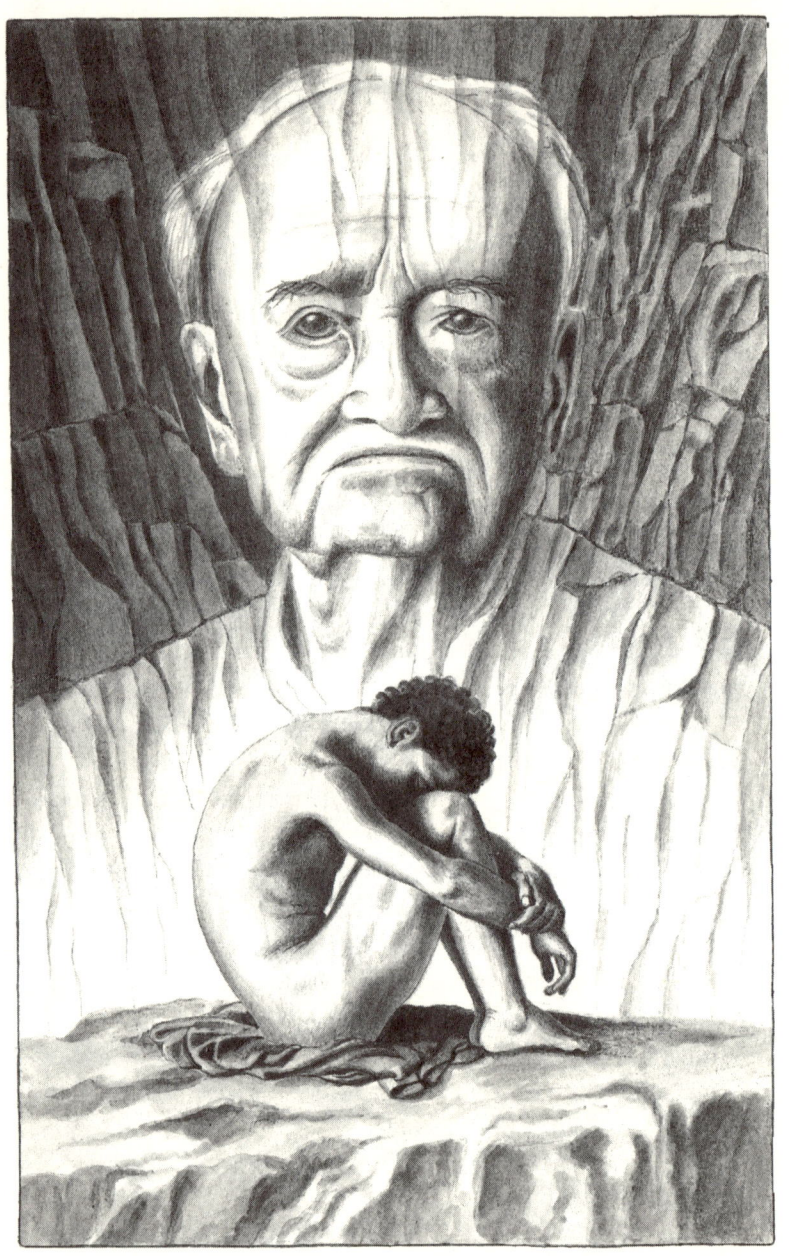

Also finden sich andere bereit, mir Spiegel zu sein, so daß ich meine Schatteneigenschaften in ihnen spiegeln kann.

Ich lerne im Lauf des Lebens, daß alle Menschen Licht- und Schattenseiten haben und daß es darauf ankommt, wie ich damit umgehe, und nicht, daß ich alle Schattenseiten ausleben muß. Es gibt ein kollektives Bewußtsein, und jeder hat Verbindung dazu. Also dürfen wir, um Goethe zu zitieren, auch sagen: «Nichts Menschliches ist mir fremd.» Wir kritisieren gerne die Fehler und Schwächen der anderen. O wüßten wir doch, daß es genau die Schwachpunkte sind, die wir unser eigen nennen.

Natürlich reagiert jeder Mensch anders auf Situationen. Doch jede Situation gibt uns die Möglichkeit, unsere Aufmerksamkeit und Unterscheidungskraft zu üben. Statt sofort etwas ganz persönlich zu nehmen und mit Impulsivität, Verletztheit, Aggression zu reagieren, könnten wir uns Zeit lassen und innerlich fragen: Warum macht der andere das jetzt, warum sagt er das jetzt?

Wir dürfen den anderen nicht als uns überlegen ansehen, als unseren Guru, auch dann nicht, wenn es unser Partner ist. In der Partnerschaft sollte Gleichberechtigung walten. Doch wenn wir gewöhnt sind, das brave, angepaßte Kind zu sein, werden wir uns auch bemühen, dem Partner alles recht zu machen, ohne auf unsere Bedürfnisse Rücksicht zu nehmen. Irgendwann können dann allerdings in uns all die angesammelte Verzweiflung und der Schmerz zum Ausbruch kommen.

Eine Seele läßt sich nicht ungestraft endlos verletzen. Ich gebe Ihnen hier noch einige Beispiele, wie Menschen durch Situationen oder andere Menschen in die Lage gekommen sind, sich mit dem Thema Verzeihen zu beschäftigen.

Angenommen, nach langjähriger Ehe wirft Ihnen Ihr Ehepartner vor, er oder sie hätte sowieso nie heiraten wollen, und Sie hätten ihn oder sie damals manipuliert, um zu heiraten. Bis dahin waren Sie der Ansicht, daß Ihre Beziehung eine normale, gute Ehe sei. Später sagt Ihr Partner: «Das war doch nur ein Scherz, ha, ha.» Wie reagieren Sie?

Verletzt? Was im ersten Moment ganz natürlich wäre. Oder überlegen Sie, was für ein Problem der Mensch haben mag? Vielleicht ist er in seiner Kindheit von einem Elternteil immer manipuliert worden und projiziert jetzt das Elternbild auf Sie. Es ist möglich, daß ihn irgend etwas an Ihnen geärgert hat oder Sie ihn an diesen Elternteil erinnert haben, und die Folge war seine Reaktion, unangemessen, aber im Grunde nicht Sie persönlich betreffend.

Der Ehemann einer Patientin, mit Glatze und Bierbauch ausgerüstet, hat eine Vorliebe für junge, sehr schlanke Frauen. Die Ehefrau, Mutter von zwei erwachsenen Söhnen, die beide noch zu Hause wohnen, ist Anfang Fünfzig. Der Mann hat ein Geschäft, und die Frau ist bei ihm zu hundert Prozent angestellt, sie arbeitet für mittleren Lohn.

Sie macht außerdem noch den ganzen Haushalt. Ihre Männer lassen sich verwöhnen, bekochen, bewaschen, bemuttern. Die Söhne haben den Vater als Vorbild, der im Haus keinen Finger rührt, sondern seine Sachen überall herumliegen läßt. Der Ehemann leistet sich in kurzen Zeitabständen Affären mit jungen und schlanken Frauen. Seine Frau hat von Kleidergröße vierzig auf zweiundvierzig gewechselt. Jetzt verlangt er von ihr, daß sie gefälligst wieder stramm und schlank werden solle, sonst «laufe» bei ihm nichts.

Sie versucht einerseits brav zu sein und Diät zu halten, andererseits stopft sie zwischen den Mahlzeiten Unmengen Kalorien in sich hinein. So nimmt sie natürlich nicht ab, sondern demonstriert ihre heimlichen Aggressionen, die sie, statt gegen ihren Mann, gegen sich selber richtet.

Herr C. stammt aus Süditalien. Er wanderte aus und arbeitete sehr hart, um es zu etwas zu bringen. Er wollte es seiner Familie und auch sich beweisen, daß er nicht dumm ist und es weiterbringen kann als die übrige Familie. Nach einigen Jahren lernt er eine Frau kennen und heiratet. Er kauft ein Auto und will seine Eltern aus Italien abholen, damit sie seine Frau und seine Wohnung kennenlernen; er will ihnen zeigen, was er geschafft hat.

Er holt die Eltern ab, und auf der Autobahn geschieht ein schwerer Unfall. Ein Auto mit Wohnanhänger wird durch eine Sturmböe in dem Moment gegen das Auto des Mannes gedrückt, als er am Überholen ist. Der Patient und sein Vater überlebten schwerverletzt, die Mutter, die auf dem Beifahrersitz saß, war sofort tot. Der Sohn hat sich noch Jahre nach dem Unfall mit schweren Selbstvorwürfen gequält, aber auch der Mutter immer wieder vorgeworfen, daß sie ihn verlassen habe und gestorben sei.

Ein Bahnschrankenwärter, der in der Nähe seines Arbeitsplatzes wohnt und Vater von zwei Kindern ist, die zwölf und vierzehn Jahre alt sind, tut wie jeden Tag seinen Dienst an einem unbeschrankten Bahnübergang. Er muß die Bahnsignale der ankommenden Züge beachten und dann den Durchgangsverkehr anhalten. Einmal läßt er ausnahmsweise gerade noch einen schweren Lastwagen durch, der mit Vollgas über die Gleise donnert und dann mit hohem Tempo in eine Straße einbiegt.

Der LKW-Fahrer übersieht ein Mädchen auf ihrem Fahrrad und fährt es tot. Es ist die Tochter des Schrankenwärters gewesen. Natürlich wird sich der Vater bis zu seinem Lebensende Vorwürfe machen, ganz abgesehen von den Familienangehörigen, die ihm ihrerseits schwere Vorwürfe gemacht haben.

Das Leben ist angefüllt mit Geschehnissen, die man sich selbst nicht ausdenken kann. Es sind nicht Zufälle – es sind Lehrfälle! Kann sich ein Mensch aussöhnen mit Situationen, die er nicht oder nicht mehr ändern kann? Es ist völlig unnütz, in dem Netz «Ach hätte ich doch…» hängenzubleiben. «Hätte ich» ändert nichts, wenn es nicht als Reue betrachtet wird und man die ganze Situation genau so akzeptiert, wie sie ist oder war.

Wenn man dann sagt «Es tut mir in der Seele leid, ich würde es heute nicht wieder so tun», und, so man an Gott glaubt, ihn bittet, alles, auch das wehe, kranke Herz in seine heilende Liebe zu nehmen, so wird unser Glaube und die Gnade Gottes Heilung bewirken.

Können wir ohne Voreingenommenheit in Situationen sein und diese einfach zuerst einmal nur wahrnehmen, ohne sofort mit unserem persönlichen Unbehagen zu reagieren und ohne uns persönlich angegriffen zu fühlen? Eine gute Übung ist es, in einer Menschenschlange zu stehen, nicht gerade in England, da sind die Menschen sehr diszipliniert. Einfach in einem anderen Land. Denken Sie, Sie gehen zum «boarding in» ins Flugzeug. Hinter Ihnen wird gerempelt, geschubst, gedrängt. Es ist nicht leicht, gelassen zu bleiben und nicht zurückzuschubsen. Versuchen Sie, dem Schubser den Vortritt zu lassen. Sie werden sich auf jeden Fall besser fühlen, als wenn Sie für viele Minuten die Aggressionen im Rücken spüren.

Es hängt sehr viel von Ihren Reaktionen ab, welche Hirnanteile Sie gerade aktivieren. Ihr Stammhirn wird Sie ums Überleben kämpfen lassen; ohne Rücksicht auf andere werden Sie Ihr Revier verteidigen, und sei es auch nur Ihren Sitzplatz. Sitzt aus Versehen allerdings ein schlechtgelaunter Weltmeister im Boxen auf Ihrem Platz, so werden Sie ganz klein und fast unsichtbar werden.

Kämpfen, flüchten oder sich totstellen sind die drei Varianten, mit denen uns unser Stammhirn durch Millionen von Jahren zum Überleben verholfen hat. Doch natürlich haben wir noch andere Möglichkeiten.

11
Denken gestaltet

Manche Gedanken sind wie Dinge, andere sind wie Wesen. Manche
Gedanken sind wie Engel an unserer Seite, manche wie Teufel. Sie um-
geben uns alle und helfen uns, entweder das vor uns Liegende zu erfüllen
oder uns zurückzuziehen von den Dingen, die wir zu erreichen suchen.
Hazrat Inayat Khan

Denken nennen wir alle Aktivitäten des Gehirns, die mit Meinen, Vermuten, Behaupten (Meinungen, Glaubenssätzen usw.)
zu tun haben. Denken ist auch grübeln, nachdenken, sich in
negativen Bildern Zukunftsgeschehnisse ausmalen, unsere
Ängste in Visionen sehen. Denken ist ein Prozeß des Bewußtseins, der je nach Übung und Kapazität negative oder positive
Schwingungen freisetzen kann. Daß Intuition ein Grenzfall
zwischen Ahnung und Denken ist, wird denen bekannt sein, die
ihre Intuition kennen und ihr vertrauen.

Denken bedeutet aber auch, kreativ zu sein, eigene Erkenntnisse zu gewinnen, Zusammenhänge zu erkennen, das Wesentliche in den Erscheinungen erfassen und deuten zu können.
Wenn wir sagen würden, alles Denken hindere uns nur daran,
ursprünglich zu sein und wirklich wahrzunehmen, was Leben
und was Sein ist, so müßten wir doch unterscheiden.

Ja, auch die Unterscheidungskraft gehört zur Fähigkeit des
Denkens. Wie könnten wir, ohne zu denken, erkennen, was
heilsames und was unheilsames Tun ist? Nein, es ergibt ja nie
eine genaue Aussage, wenn wir etwas pauschalisieren. Denken
im Bausch und Bogen abzulehnen würde bedeuten, die Krea-
tivität der Intelligenz abzulehnen, würde bedeuten, nur noch
unserem Instinkt zu leben.

Selbst das Lernen aus Fehlern, die wir im Leben machen,

setzt einen Denkprozeß in Gang, der Erfahrungen im Gedächt-
nis speichert. Das menschliche Denken ist eine sehr komplexe
Angelegenheit. Es gibt simpel strukturierte Menschen, die denken das, was gerade nötig ist. Sie sind nicht in der Lage, Kom-
binationen anzustellen, das heißt, Zusammenhänge zwischen
Ursache und Wirkung verstehen sie nicht.

Oder wir begegnen Menschen, denen von anderen gesagt
wird, was sie tun sollen und was nicht. «Sei brav, gehorche, iß
deinen Teller leer, wirf kein Brot weg, ärgere kein Tier.» Diese
Menschen bleiben für den Rest ihres Lebens brave Kinder, die
sich an die Vorschriften halten und diese auch noch an ihre
Kinder weitergeben.

Ist unser Denken frei? Es ist nicht so frei, wie wir annehmen.
Wir sind ja ein Teil der Menschheit, Teil eines Volkes, Teil einer
bestimmten Rasse, einer Zivilisation. All das wirkt in unser
Denken mit hinein. Moralvorschriften, die uns durch viele Generationen hindurch eingetrichtert wurden, prägen auch heute
noch größtenteils unser Denken.

Selbst wenn dann einige Rebellen geboren werden, die meinen, daß sie das Gegenteil vom Althergebrachten dächten,
so irren sie sich. Es gab immer Leute, die sich nicht anpaßten,
die «eigenwillig» waren und die anders oder nur einfach das
Gegenteil dachten. Manche bezahlten mit ihrem Leben dafür.
Die Gemeinschaft schimpfte sie Verräter, Ketzer, Irre und stieß
sie aus.

Die Gemeinschaft, das Volk mit seinem trägen Denken, fühlte
sich bedroht, in seiner Meinung verunsichert. Auch heute ist
es so, daß Meinungen oder Glaubenssätze für einen Menschen oder eine ganze Gruppe wie Krücken sein können. Der
Mensch kann es sich nicht vorstellen, ohne sie leben, stehen,
gehen oder gar tanzen zu können.

Ein Beispiel geben die Fundamentalisten, die Orthodoxen.
Sie bekämpfen Andersgläubige bis auf den Tod, weil sie sich
bedroht fühlen und fürchten, sie könnten ihren vorgeschriebe-

nen Halt (Moralgesetze gleich Gotteswille) verlieren. Im Namen eines «gerechten Gottes» werden Mitbrüder und Schwestern ermordet. Welche Glaubenssätze sind das, die diesen Menschen Freude und Sinn in ihrem Leben geben?

Andersgläubige sind Feinde. Angehörige bestimmter Rassen sind faul, stehlen und betrügen. Bettler sind zu faul zum Arbeiten, Süchtige sind willenlos, alle AIDS-Kranken sind schwul, Schwule sind abartig... Sind diese Voreingenommenheiten nicht absurd?

Menschen tragen ihre Meinungen und Glaubenssätze fest verankert mit sich herum. Sie glauben daran und richten ihr ganzes Verhalten danach aus. Sie grenzen sich ab, um ja nicht diese schrecklichen Gefahren an sich heranzulassen; sie können sogar, wenn sie die Veranlagung dazu haben, paranoid werden.

Ihre Phantasien verdichten sich zu Bedrohungen, die alle von außen auf sie zukommen könnten, so daß ihr Denken nur noch um Abwehr und Verteidigung kreist. Überall fühlen sie sich ganz persönlich angegriffen und verfolgt. Oft verhalten sich diese Menschen undifferenziert, zeitweise sind sie überhöflich und dann unerwartet äußerst aggressiv. Übrigens machen diese Menschen gerne anderen Vorwürfe und Vorhaltungen, oft moralischer Art, oder sie werfen anderen seelische Grausamkeit und ähnliches vor.

Denken beeinflußt unser ganzes Leben. Ängstliches Denken kreiert eine unruhige, dunkle Schwingung um uns. Übertriebenes, fröhliches Denken erzeugt auch eine unruhige, nervöse Schwingung; ausgeglichenes, ruhiges Denken und Wahrnehmen läßt die Energie ebenso um uns fließen, aber ruhig und harmonisch.

Sicher kennen Sie den Satz «Gleiches zieht Gleiches an». Darin liegt eine gewisse Wahrheit. Ein Mensch, der sich innerlich bedroht fühlt, weil er meint, in einer bösartigen, feindlichen Umwelt zu leben, begegnet viel eher Menschen, die sich aggressiv und feindselig gegen ihn verhalten. Selbst Tiere reagieren auf diese Menschen vorsichtig bis aggressiv. Wieder können wir einen Gedanken von C. G. Jung erkennen: Was der Mensch in sich als Schatten trägt und ignoriert, dem begegnet er außen. Wir werden gezwungen, uns mit diesen Themen auseinanderzusetzen.

Im Grunde besagt der Satz «Gegensätze ziehen sich an» ähnliches. Denn ein Mensch kann innerlich äußerst aggressiv sein, doch nach außen eine «Beißhemmung» haben. Sein Glaubenssatz sagt: «Aggressionen sind schlecht, wenn du Aggressionen zeigst, bist du böse.» So staut er seine Aggressionen und versteckt sie hinter einem Verhalten von Sanft- und Edelmut. Menschen, die ihn neu kennenlernen, schwärmen von diesem wunderbaren, sanftmütigen Menschen.

Es ist möglich, daß dieser Herr oder diese Frau Sanftmut sich einen Partner oder Freund sucht, der fähig ist oder sogar Lust daran hat, seine Aggressionen zu leben. Aggression bedeutet im ursprünglichen Sinne ja nur, einen Schritt voranzugehen. Aggression ist lebensnotwendig! Wir müssen nur unsere Glaubenssätze einmal nach ihrem Sinn befragen. Aggressiv sein muß nicht bedeuten, anderen Böses anzutun oder Unheilsames im Schilde zu führen.

12
Medien und ihre Arbeit

Wahrheit allein kann sich bewähren,
Falschheit ist Zeitverschwendung und Kraftverlust.
Hazrat Inayat Khan

Untersuchungen haben ergeben, daß es in England die meisten Häuser mit Geistern gibt. Es liegt vielleicht am Klima oder an der geistigen Einstellung seiner Bewohner, ich weiß es nicht. Geister werden dort jedenfalls als etwas Selbstverständliches angesehen. Ja, es gibt Schloßbesitzer, die ihre Liegenschaften besser unterhalten können, weil sie ihr Schloß als Hotel mit nachts erscheinendem Geist anbieten.

Der S.A.G.B. (Spiritual Association of Great Britain) in London ist ein eingetragener Verein, dem viele Medien und ihre Förderer angehören. Jeden Nachmittag gibt es öffentliche Sitzungen, zu denen das normale Publikum von der Straße gegen ein kleines Entgelt Zutritt hat. Ein Medium, es kann ein Mann oder eine Frau sein, gibt jeweils eine Demonstration. Das Medium sieht verstorbene Freunde oder Angehörige der Menschen, die im Saal versammelt sind. Die Verstorbenen nehmen über das Medium Kontakt zu den Lebenden auf. Sie haben unterschiedliche Anliegen. Manchmal bedanken sie sich für eine liebevolle Sterbebegleitung, weil sie während ihres Ablebens nicht mehr sprechen konnten, oder sie entschuldigen sich für ihr Verhalten auf Erden.

Ich war vor Jahren mit einer Freundin aus Berlin bei einer Sitzung anwesend. Wir erlebten Coral Polge, eine mediale Malerin. Sie ging einige Minuten auf der Bühne auf und ab, stellte sich dann an ihre Staffelei und begann zu zeichnen. Es war das Portrait eines jungen Mädchens. Während sie zeichnete, erzählte sie, dieses Mädchen sei eine junge Jüdin gewesen, die in Berlin gelebt und aus Versehen eine Überdosis Drogen genommen habe. Sie habe nie die Absicht gehabt, Selbstmord zu begehen, ihre Familie denke das aber. Für gläubige Juden ist das ein schreckliches Drama. Es sei ihr ein Anliegen, daß ihre Familie jetzt die Wahrheit erführe. Dann zeigte Mrs. Polge das Bild. Es war die Schwester einer Schulfreundin meiner Freundin. Meine Freundin nahm das Portrait mit nach Berlin.

Diese Demonstration war überaus beeindruckend und überzeugend. Die Aufgabe der seriösen Medien ist es, der Welt den Beweis zu liefern, daß es ein Leben nach dem Tod gibt. Vielen Menschen wird so auch die Angst vor dem eigenen Tod genommen. Auf ihre Weise leisten sie sehr viel Versöhnungsarbeit, indem sie die Kommunikation mit den in die geistige Welt Gegangenen ermöglichen.

In London war ich von diesen Demonstrationen sehr beeindruckt. Ich habe damals nicht gewußt, daß ich eines Tages auch diese Gabe bekäme. Ich setze sie etwas anders ein. Hauptsächlich arbeite ich psychologisch-therapeutisch. Doch es gibt Situationen, wo ich einen klaren Hinweis bekomme, daß ich helfen kann, einen Kontakt mit Wesen aus der geistigen Welt zu vermitteln. Oft frage ich auch vorher den Patienten, ob er es wünscht. Wenn er einverstanden ist, vermittle ich den Kontakt. Eine Botschaft kann von drüben kommen, oder der Patient kann auch Fragen stellen.

Herr C. aus Süditalien wollte wissen, warum ihn seine Mutter bei dem Autounfall verlassen habe und gestorben sei. Sie konnte ihm klarmachen, daß ihre Aufgabe erfüllt gewesen sei und «ihre Uhr» abgelaufen war. Sie mußte gehen. Aber sie sagte ihm auch, daß sie sehr oft bei ihm wäre. Es hat ihn sehr getröstet.

Eine junge Schauspielerin hatte vor dem Tod ihres Vaters öfter heiße Diskussionen mit ihm. Er hatte behauptet, es gebe die Hölle und das Fegefeuer, wo die armen Seelen unendlich lange nach ihrem Tode schmoren müßten. Sie dagegen glaubte, daß nach dem Sterben alles leichter und schöner werde für die Seele. Sie fragte nun bei ihm an, was zuträfe. Der Vater bestätigte ihr, daß sie recht gehabt habe. Sie war sehr zufrieden.

Eine Mutter hatte mit ihrer Tochter fast das ganze Leben in Widerspruch und Kampf gelebt. Sie hatte im Grunde Angst vor der Tochter gehabt, die im Wesen sehr unterschiedlich zu der Mutter war. Viele Jahre hatte die Mutter die Tochter beherrscht und mißbraucht, indem sie psychische Macht ausübte. Darüber hinaus hatte sie die Tochter grundlos enterbt und ihr als Testament nur einen herzlosen Abschiedsbrief hinterlassen. Nach dem Ableben kam die Mutter zurück und entschuldigte sich bei der Tochter. Sie wisse jetzt, daß sie ihr viel Unrecht angetan habe, sie habe sie nie in ihrem Wesen wirklich erkannt, und es tue ihr sehr leid.

Oft spüren die Menschen es, wenn ihre verstorbenen Anverwandten um sie sind, sich in ihrer Nähe aufhalten. Zumindest ahnen sie es. Manchmal sind sie auch hin und her gerissen zwischen Faszination und Angst.

Eine Frau erzählte mir einmal, daß sie immer mit ihrem verstorbenen Vater spreche und ihn auch um Hilfe bitte, vor allem, wenn ihr Ehemann Probleme mache. Als ich dann erwähnte, daß ihr Vater auch jetzt, während des Gespräches, anwesend sei, bekam sie vor Schreck eine Gänsehaut. Für einen anderen Menschen bedeutet es eine Bestätigung seines Gefühls, wenn das Wesen aus der geistigen Welt sagt, daß es oft und gerne bei ihm ist.

Der junge Mann, der vergeblich Kontakt zu seinem Vater gesucht und vergeblich um dessen Liebe gekämpft hatte, bekam von diesem aus der geistigen Welt die Botschaft: «Ich bin stolz auf dich, du bist ein wunderbarer Mensch, anständig und ehrlich, und du bist ein liebevoller Vater. Deine beiden Kinder sind auch für mich eine große Freude. Ich habe dir im Leben nicht geholfen und dich sehr verletzt. Ich will versuchen, dir von der geistigen Welt aus Hilfe und Unterstützung zu geben.»

Der Sufimeister Pir Vilayat sagte einmal, im Grunde könne man mit jedem Wesen in der geistigen Welt in Kontakt treten. Es komme auf die geistige Schwingung an. Je höher, feiner, lichter diese sei, desto höhere Wesen könne man erreichen. Natürlich gehört es für den Durchschnittsmenschen noch nicht zum normalen Alltag, Umgang mit Verstorbenen zu pflegen. Doch es gibt immer mehr Menschen, die ihn suchen, die daran glauben. Es gibt auch immer mehr Menschen, die mediale Fähigkeiten entwickeln.

Woran kann ein Laie ein gutes Medium erkennen? Es ist immer zu bedenken, daß ein Medium Dinge, Menschen, Wesen, Symbole sieht. Es gibt Menschen mit ganz unterschiedlich entwickeltem Bewußtsein. Manche sind eher materiell ausgerichtet, andere vorwiegend spirituell und wieder andere sind von beidem beeinflußt. Medial zu sein bedeutet keinesfalls, auch spirituell hochstehend zu sein.

Wenn ein Mensch zu einem Medium geht, so ist es möglich, daß das Medium ihm sagt: «Sie werden viel Geld bekommen und sich ein Segelboot kaufen.» Das Medium sieht den Klienten, Wasser und Segelboote. Es ist aber auch möglich, daß der Klient einfach nur an einem See wohnt, auf dem gesegelt wird.

Oft kommt es auch darauf an, womit sich der Klient in seinen Gedanken beschäftigt. Die Gedanken erzeugen Bilder in der Aura des Menschen, und das Medium deutet sie auf seine Weise. Ein Herr, der von Flugreisen in ferne Länder träumte, bekam von einem Medium die Aussage zu hören, er werde bald nach Amerika und Kanada fliegen und dort beruflich zu tun haben.

Es traf aber nichts von allem ein. Voraussagen sind eine sehr heikle Angelegenheit. Sie legen Dinge und Ereignisse für die Zukunft fest. Der Klient glaubt daran und gestaltet manchmal unbewußt sein Leben so, daß die Prophezeiung eintrifft. Besonders gefährlich ist es bei Medien, die gewissenlos den Klienten die größten Katastrophen voraussagen.

Dabei ist das Leben doch nicht so festgelegt. Es gibt immer

wieder Variationen, Änderungen des Karmas usw. Ich sehe es als meine Aufgabe an, Botschaften und Antworten von Verstorbenen zu vermitteln und den noch Lebenden zu helfen, sich mit ihnen auszusöhnen oder Klarheit über bestimmte Ereignisse zu gewinnen.

Ganz selten bekomme ich von einem Meister den Auftrag, jemandem eine Botschaft zu vermitteln. Dann handelt es sich oft um Menschen, die in schweren Lebensprüfungen stecken und die Trost und Hilfe brauchen oder ganz konkrete Anweisungen für ihre Lebensgestaltung von dem Meister oder der Meisterin.

Gute mediale Arbeit erfordert innere Klarheit, Ehrlichkeit und Aufrichtigkeit. Das Medium darf keine eigenen Interpretationen geben, es soll nichts hineindeuten, beschönigen oder sich mit bestimmten Botschaften wichtig machen. Hat der Klient eine Frage, und es kommt keine Antwort, so muß auch das akzeptiert werden. Es bedeutet keinen Qualitätsmangel des Mediums, wenn keine Antwort kommt. Ein Medium ist eine Brücke oder ein Bindeglied zwischen der sichtbaren und der unsichtbaren Welt. Es ist Diener der geistigen Hierarchie und Vermittler, weiter nichts. Es ist und bleibt auch immer ein Mensch.

Wichtig ist es, Realist zu bleiben, bewußt wahrzunehmen und die Welten und Erscheinungen zu unterscheiden. Etliche Gefahren lauern am Wegesrand eines Mediums: zum Beispiel sich überlegen zu fühlen, aber auch Projektionen eigener Ängste und Wünsche zu manifestieren und als real anzunehmen. Es gibt Medien, die sich viel mit Magie befassen. Sie fühlen sich oft durch dunkle Mächte und Gestalten bedroht; das kann bis zu paranoiden Zuständen gehen.

Medien, die nicht mehr die Fähigkeit zur Unterscheidung haben, können «durchdrehen» und sich Aufenthalte in der Psychiatrie einhandeln. Jedenfalls sollte keiner mit Gewalt um jeden Preis versuchen, mediale Fähigkeiten zu entwickeln. Wenn das Bewußtsein, die Intuition und die Kapazität einer

Person soweit sind und sich ihre Fähigkeiten natürlich entfaltet haben, kommen die medialen Fähigkeiten ganz von allein.

Ein Mensch sollte nicht den Wunsch haben, «offen» zu sein. Das würde bedeuten, für alles und jeden offen zu sein. Es gibt in der unsichtbaren Welt nicht nur Engel, Meister und Heilige. Viele, teilweise noch nicht erlöste Wesen hängen noch so sehr am Irdischen, daß sie immer begierig sind, an Erfahrungen mit teilzunehmen. Diese niederen Geistwesen haben keinen physischen Körper mehr, verspüren aber große Lust zum Beispiel auf Schokolade oder auf Bier oder sonstige sinnliche Genüsse. Wie können sie es anstellen, ihre Sehnsucht zu befriedigen? Sie suchen sich einen Menschen, der «offen» ist und der ähnliche Lust verspürt. Sie dringen dann in das Bewußtsein dieses Menschen ein; durch ihn erfahren sie dann etwas von dem Genuß, den die Sinne vermitteln.

Ein spirituelles Medium kann vor einer Sitzung ein kleines Ritual abhalten, ähnlich wie vor einer Meditation. Es kann mit Kerzenlicht und Räucherstäbchen (Sandelholz oder Weihrauch) die Atmosphäre reinigen, laut oder leise ein Gebet sprechen und um göttliche Inspiration, Schutz und Führung bitten. Nach der Sitzung sollte es sich bei den Beteiligten, aber auch bei seinem geistigen Führer oder bei Gott bedanken. Sollten während der Sitzung plötzlich unklare oder wirre Worte oder Symbole auftreten, so muß das Medium um mehr Klarheit und Deutlichkeit bitten. Wenn der Bitte nicht entsprochen wird, sollte die Sitzung abgebrochen werden.

13
Gott ist in Seiner Schöpfung anwesend

Keiner wird im Leben eine Erfahrung machen,
die nicht für ihn bestimmt ist.
                                    Hazrat Inayat Khan

Kaum ein Mensch ist gerne bereit, eigene Fehler einzugeste-
hen, denn Fehler zu machen bedeutet, charakterlich nicht voll-
wertig zu sein. Wir haben ein unausgewogenes Verhältnis zu
unseren menschlichen Eigenschaften. Aggressionen zu haben
ist schlecht, wurde uns beigebracht. Offen seine Wut auszu-
drücken, macht man/frau nicht; sein eigenes Wohlbefinden zu
fördern ist egoistisch.

Edel sei der Mensch, hilfreich und gut! Seit vielen Generationen bauen die Menschen an einer Hierarchie der Werte,
Ideale und Idealgestalten. Die Religionen sahen und sehen
darin eine große Chance, den Menschen nach ihrem jeweiligen
Bild zu formen. Das Prinzip heißt: wenn – dann. Wenn du
etwas machst, was der Religionsgemeinschaft schadet, dann
schadest du dir auch; schadest du dir, machst du dich strafbar,
denn dann bist du ein schlechter Mensch. Gehorchst du den
Gesetzen, die dir jene geben, die glauben, es besser zu wissen,
dann bist du gut, edel und hilfreich – für die Gemeinschaft
und damit für dich. Denn ohne die Gemeinschaft bist du ein
Niemand.

So denken auch viele Familien. Der Klan hält zusammen, die
Sippe steht hinter dir. Was ein Mitglied der Familie sagt, vor
allem, wenn es ein älteres ist, wird geglaubt und befolgt. Eigene
Familienwertesysteme werden aufgebaut. Fällt ein Mitglied aus
der Rolle, so wird die Sache intern geregelt und schweigend
von allen gedeckt.

الْغَفُورُ جَلَّ جَلَالُهُ

Eine recht vermögende Familie hatte das Problem, daß die Mutter des Mannes im Alter sehr stark unter Arteriosklerose litt, so daß sie nach und nach verblödete. Heute könnte man vielleicht sagen, daß Verdacht auf die Alzheimer-Krankheit bestand. Die alte Frau wurde in ein Heim abgeschoben, und niemand außer der angeheirateten Schwiegertochter besuchte sie jemals.

Als der Sohn beruflich Karriere machte, mußte er viel repräsentieren, das heißt, er machte unter anderem auch eine Karriere als Alkoholiker. Die Familie, seine Frau und sein Sohn, deckten ihn, bis die gesundheitlichen Folgen extremer wurden. Die Leber- und vor allem die Hirnfunktionen zeigten immer deutlichere Ausfälle. Da distanzierte sich die Familie: Der Vater habe leider die Alzheimer-Krankheit und könne natürlich nichts dafür, wenn er sich so seltsam benehme und sich seine «Flachmänner» heimlich von der Tankstelle hole. Das sei nicht der Alkohol, das sei der Alzheimer.

Es ist eine Frage der Zeit, wann der Mann ein schwerer Pflegefall sein wird und seine Frau, die zunächst als Co-Abhängige noch den Sekundärgewinn hat, von ihm gebraucht zu werden, sich mit seiner Pflege überfordert fühlt. Wird sie sich eines Tages Vorwürfe machen, daß sie zu lange mitgemacht hat? Sie hat es doch nur gut gemeint und die Peinlichkeit versteckt, daß ihr Mann ein Säufer ist, und damit zu verheimlichen versucht, daß er ein schwacher, willenloser Mensch ist. So ist die allgemeine menschliche Meinung.

Warum haben wir in unserer Gesellschaft diese wertende, ja abwertende Haltung gegenüber Menschen und ihren Eigenschaften? Wir unterscheiden ja nicht einmal zwischen beiden. Wir identifizieren den Menschen mit seinen Qualitäten. Wir sagen nicht, dieser Mensch zeigt in seinem Verhalten eine gewisse Gier, wenn er sein Lieblingsessen oder seine Schokolade bei großem Hunger vor sich hat. Wir sagen, er ist gierig. Er (oder sie) zeigt nicht ein neidisches Verhalten, sondern er ist neidisch. Damit fällen wir pauschal ein Urteil; ungesagt steht dahinter: Gierige Menschen sind minderwertig, neidische sind schlecht.

Daß es in jedem Menschen eine große Ansammlung von Qualitäten gibt, finden die Forscher jetzt immer mehr heraus. Teilweise sind das sogenannte böse, schlechte Eigenschaften, die das Bewußtsein nicht bei sich akzeptiert und daher abspaltet. So können eigene, abgespaltene Persönlichkeiten entstehen. In Amerika spricht man von «multiple personalities». Es gibt Menschen, die bis zu zwölf oder fünfzehn unterschiedliche Persönlichkeiten in sich haben. Das sind natürlich für die Kliniker ideale Forschungsobjekte.

Wie anders gingen die Mystiker des Islam, die Sufis, mit diesem Thema um. Sie erkannten schon vor vielen hundert Jahren den ganzen Problembereich. Sie nannten neunundneunzig verschiedene Eigenschaften, die sich in den Menschen zeigen können. Sie sagten, jede Eigenschaft sei eine Qualität Allahs, eine Eigenschaft Gottes. Jede dieser Eigenschaften kann sich auch in einem Menschen manifestieren. Gebraucht der Mensch diese Eigenschaften weise und im Namen Allahs, so ist kein Makel daran.

Die Qualitäten Allahs werden durch Engel präsentiert und zu den Menschen gebracht. Der Engel bildet ja die Brücke zwischen Gott und dem Menschen. Daß diese Engel oft eine gewisse Ähnlichkeit mit den Archetypen C. G. Jungs haben, ist auffallend. Es gibt unter anderem «Jamil», die göttliche Schönheit; «Ishq'Allah» ist die göttliche Liebe; «Kadr» bedeutet die göttliche Macht; «Nur» bezeichnet das göttliche Licht.

Es hängt davon ab, wie der Gläubige sich mit diesen Eigenschaften auseinandersetzt. Er muß lernen, diese immer als göttliche Qualitäten zu erkennen. Er muß wissen, daß er in der göttlichen Gnade lebt und Gott dienen soll. Im Dienste Allahs kann er alle Qualitäten fast bis zur Vollkommenheit bringen.

Wichtig ist es für die Sufis, daß jeder Gläubige im Anfang einen Lehrer hat, der ihn anleitet und der Hilfe gibt, wenn eine Eigenschaft zu stark wird und der Schüler nicht mehr in Harmonie ist. Dann gibt ihm der Lehrer Anweisungen, sich auf eine andere Qualität zu konzentrieren.

Hat sich ein Schüler zu sehr auf «Kadr», das heißt «Macht», konzentriert, wird er zusätzlich oder statt dessen «Wali», die göttliche Meisterschaft, kontemplieren und darauf meditieren, oder wenn er Meisterschaft und Macht schon ausgeprägt verkörpert, so wird er Liebe, Erbarmen als Qualitäten zu entwickeln suchen.

Qualitäten können unpersönliche Eigenschaften sein, mit denen Gott uns betraut, um Ihm zu helfen, sich auf Erden zu manifestieren. Es gibt Derwische, die begrüßen sich: «Wie herrlich Allah sich in dir offenbart! Ich erkenne die Liebe Gottes, wie sie durch dich hindurchscheint!» Sie ehren Allah, Gott, in dem anderen.

Übung

Es gibt eine Übung der Sufis, die jeder machen kann: Du ziehst dir die Schuhe aus, wäschst Hände und Gesicht und trinkst etwas klares Wasser in dem Bewußtsein, dich so weit wie möglich von innerem und äußerem Schmutz zu reinigen. Du kannst schon bei der Reinigung beten, daß Gott dir verzeihen möge und daß du bereust, was du auch immer getan hast.

Dann setzt du dich an einen ruhigen Ort, wo du nicht gestört wirst, und mit dem Einatmen sagst du NUR, das ist das göttliche Licht. Beim Ausatmen läßt du alle deine Dunkelheit, Sorgen und Angst los, ohne zu denken. Das machst du 33mal. Dann stellst du dir beim Einatmen vor, wie mit jedem Atemzug göttliches Licht dich erfüllt, das machst du wieder 33mal. Und dann spürst du, wie du Licht bist, beim Ein- und Ausatmen.

Du bist dir bewußt, daß Gott dir ein Geschenk mit diesem Licht macht, du hast teil an Seinem Licht. Diese Übung machst du wieder 33mal. Dann zähle nicht mehr, sondern sei im Licht, sei Licht. Mache diese Übung einen Monat oder länger jeden Tag, möglichst zur gleichen Zeit. Du wirst überrascht sein, was sich in dir und um dich herum verändert.

Eine weitere Übung ist es, sich hinzusetzen und zu sagen: «Es gibt nichts außer Gott. Gott ist das einzige Sein, es gibt nichts außer Ihm.»

Die Menschen denken, sie seien getrennt von Gott. Der Mensch sei hier unten auf Erden und Gott irgendwo im Himmel. Es ist aber nicht so. Gott ist auf eine geheime Weise in Seiner Schöpfung anwesend. Kritisiert ein Mensch einen anderen, so kritisiert er Gott. Er kritisiert Gottes Schöpfung. Und da wir alle untereinander auf unsichtbaren Ebenen miteinander verbunden sind, kritisieren wir uns damit auch selbst.

Wir kritisieren und lassen den anderen sich verletzt und schlecht fühlen. Oft machen wir einen Menschen klein, bezeugen seine angebliche Unfähigkeit, nur um selbst besser dazustehen. Wer viel und gerne anderen ihre Fehler vorhält, möchte selbst gerne fehlerfrei dastehen. Wir erniedrigen jemanden, um uns über ihn zu erheben.

Und wieder schaffen wir Konflikte und Gelegenheiten zu Verletzungen. Wie oft haben wir im Leben andere kritisiert? Wie oft haben wir andere damit verletzt? Wie oft müssen wir um Verzeihung bitten? Der weise Indianer sagte: «Du mußt erst hundert Meilen in den Mokassins deines Nachbarn gehen, ehe du weißt, wie er sich fühlt.»

Eine ganz andere Sicht hatte der große tibetische Lehrer Chögyam Trungpa. Er sagte seinen Schülern: «Betrachtet alle sogenannten schlechten Eigenschaften als Dünger. Laßt daraus die wunderbaren Eigenschaften wachsen, die auch in euch sind.

Nehmt sie als Material, um damit zu arbeiten, verdammt sie nicht, und versteckt sie nicht. Alles kann verwandelt werden.»

Der nächste Schritt für eine bessere Verständigung und damit für ein besseres Verstehen besteht darin, daß wir uns fragen, warum ein Mensch oft Dinge tut, die er gar nicht tun will, oder warum wir nicht so können, wie wir wollen.

14
Die drei Hirne des Menschen

Mangel an Verständnis für das Wesen des Menschen
ruft allen Zwiespalt und Hader hervor.

Hazrat Inayat Khan

In seinem ausgezeichneten Buch «Phänomen Konflikt» schreibt
Professor Peschanel sehr beeindruckend über die Anlagen und
Möglichkeiten, die uns unser Gehirn bietet. Unser ältestes
Hirn, das Stammhirn, existiert schon viele Millionen Jahre. Es
ist zuständig für unsere Atmung, den Kreislauf und alle dem
Bewußtsein entzogenen Körperabläufe. Es hat mit der Art-
erhaltung zu tun, der Brutpflege, dem Freßtrieb und der Ge-
bietsverteidigung. Die meisten Reptilien besitzen heute noch
diese Art Hirn. Dieses Stammhirn kennt nur ein archaisch-
reaktives Verhalten: Angriff, Flucht oder Sichtotstellen. Die
Reaktion erfolgt automatisch, es besteht keine Wahlfreiheit.

Das Zwischenhirn oder limbische System sitzt über dem
Stammhirn. Es erlaubt dem Menschen, zu lernen und sich
Situationen anzupassen. Angst, Aggressionen und viele weitere
Gefühle entwickeln sich im Zwischenhirn. Es ist der Sitz der
Emotionen in den verschiedensten Formen.

Das Großhirn oder Neocortex ist der Ort, den die Forscher
mit dem Bewußtsein und dem Ichgefühl in Verbindung bringen. Es ist fähig, in Konzepten zu denken, kann Vergangenheit,
Gegenwart und Zukunft bedenken und kann sich verbal ausdrücken. Der Neocortex verhilft uns zu großer Wahlfreiheit
des Verhaltens. Wir können eine Menge an Alternativen in
Betracht ziehen. Meistens denken wir, wir seien weitgehend
objektiv in unserem rationalen Verhalten, doch das limbische
System kann uns unbewußt beeinflussen: durch ein persönliches

Wertesystem, durch persönliche Glaubenssätze, durch Voreingenommenheiten, durch Vermeidenwollen von unangenehmen
Gefühlen wie Angst oder Furcht.

Jedes der drei einzelnen Hirne kann im Menschen besonders
stark entwickelt sein und bringt seine eigenen Konflikte hervor. Die Konflikte, die mit dem Stammhirn verbunden sind,
beziehen sich auf elementare Überlebensfunktionen: Essen,
Fortpflanzungstrieb, Revierverteidigung. Das Zwischenhirn ist
verantwortlich für alle Reaktionen, die mit Angst und Aggressionen verbunden sind. Die Verteidigung der Familie, das Gewinnen und Besitzen eines Partners, Streitigkeiten um eine
Zugehörigkeit und Hierarchiekonflikte. Das Großhirn oder
Neocortex ist die rationale Instanz in unserem Denken. Es stellt
Strategien auf, wie ein Fall am besten gelöst werden kann. Es
ist der intellektuelle Teil, der unser Verhalten als Erwachsene
prägt.

Wir haben also drei Hirne mit unterschiedlichen Verhal-
tensfähigkeiten in uns. Bei Konflikten können wir uns fragen:
Reagieren oder agieren wir aus einem einheitlichen Miteinander der drei Hirne heraus, oder dominiert einer der drei Teile?

Forscher haben den Menschentypen je nach der Dominanz
eines bestimmten Hirnanteils Farben zugeordnet: Der blaue
Typ ist der rationale, der ohne Emotionen einen Konflikt analy-
siert und optimale Lösungen sucht. Der rote Typ reagiert bei
Konflikten mit emotionalem Verhalten. Er nimmt das meiste
persönlich und kann den Überblick über die Situation verlieren. Der grüne Typ handelt aus Intuition, aus Erfahrungen seiner Vorfahren heraus, ohne Abwägen, er stellt nichts in Frage
und handelt triebhaft.

Sachbezogene Typen ziehen danach möglichst rational ihre
Argumente zu Entscheidungen heran und scheuen auch intellektuelle Tricks nicht, um ans Ziel zu kommen. Die bezie-
hungsbezogenen Typen dagegen können ihr Konfliktziel aus
den Augen verlieren. Sie bemühen sich, «ihr Gesicht zu wah-

ren», können persönlich schnell durch irgendeine Aussage verletzt sein und dieses dem anderen noch lange Zeit übelnehmen.

Professor Peschanel sagt: Je mehr das rational bewußte Verhalten das reaktiv-archaische zudeckt, um so mehr Freiheit besteht zu strategischer Alternativwahl. Wir sehen, daß wir im Leben von so vielen Dingen und Umständen abhängen, daß es schon eine Herausforderung bedeutet, möglichst klar und unvoreingenommen auch das eigene Denken und Fühlen wahrzunehmen.

15
Menschen sind Geistwesen

«Möglichkeit» ist die Natur Gottes,
und «Unmöglichkeit» ist die Begrenzung des Menschen.
Hazrat Inayat Khan

Für manche Menschen ist es beängstigend, sich vorzustellen, was da alles in ihnen los ist und was für ein Durcheinander da in ihrem Unbewußten herrschen mag. Das ist vielleicht auch ein Grund, weshalb die monotheistischen Religionen einen so großen Einfluß haben. Wir unterstellen uns einer einzigen führenden, höheren Macht, die alle unteren, niederen Elemente zum Guten lenkt.

Im ersten Brief des Johannes steht geschrieben: «Gott ist Liebe, und wer in der Liebe bleibt, der bleibt in Gott und Gott in ihm.» Das tröstet, und wir brauchen uns nur noch in Liebe zu üben, alles übrige ordnet sich von allein. Eine tiefe, therapeutische Weisheit steckt darin! Wer in der Liebe ist, der ist offen für andere, der ist um andere bemüht, fühlt sich verantwortlich und hat keine Zeit und keinen Anlaß zu Selbstmitleid.

«Die Liebe ist langmütig und freundlich... die Liebe eifert nicht... sie läßt sich nicht erbittern und rechnet das Böse nicht zu, sie freuet sich nicht der Ungerechtigkeit, sie freuet sich aber der Wahrheit, sie verträgt alles, ... sie hoffet alles, sie duldet alles.» Heißt das nicht, aller Groll löst sich auf, und die Liebe erfüllt unser Fühlen und Denken?

Es ist immer wieder erstaunlich zu sehen, wie ein Mensch in seinem Leben Wandlungen durchmacht. Der Mensch ist keine festgelegte Sache oder Persönlichkeit. Ein Wissenschaftler könnte sagen, der Mensch sei ein biologisches System mit einer gewissen Adaptionsfähigkeit. Aber ist das die Antwort? Für den

einen Forscher besteht der Mensch aus einer Ansammlung von Mineralien, Proteinen und elementaren Verbindungen, für einen anderen ist der Mensch ein feinstrukturiertes Gebilde mit Haut, Knochen, Muskeln und Nerven.

Der Mensch hat geistige Werte zur Verfügung, deren er sich erst bewußt werden muß. Der Mensch ist nicht sein Körper; dieser ähnelt in vielem einem Tierkörper. Ein Schimpansenembryo unterscheidet sich in den ersten drei Monaten nicht von dem eines Menschen. Was macht den Menschen zum Menschen?

Ist es die immer größere Bewußtwerdung eines hierarchisch immer höherstehenden Wertes? Hierarchie in der geistigen Welt bedeutet ein Streben nach etwas «immer noch Höherem», eine Evolution zum Guten, Besseren, zu Gott. Nur der Mensch ist in der Lage, immer noch einen Schritt weiterzudenken. Oft kommt er an Grenzen, und nach einer Weile kann er diese dann überschreiten.

Der Mensch ist ein Geistwesen und gibt sich deshalb mit Grenzen nicht zufrieden. Geist durchdringt alles, Geist ist göttlicher Natur. Deshalb war es für Heilige schon immer schwer, heilig zu sein, das heißt, vom göttlichen Geist erfüllt zu sein und gleichzeitig in der Welt zu leben.

Ein Mensch wird geboren, und sofort erfährt er Widersprüche. Mit dem Eintritt in die Existenz entsteht der Widerspruch. Das Baby kommt aus der Geborgenheit und Wärme des mütterlichen Schoßes und wird ausgestoßen in die Ungeborgenheit und Kälte. Ein Leben auf Erden bedeutet, mit Konflikten konfrontiert zu werden, zu lernen, damit umzugehen, den mittleren Weg zwischen den Extremen zu finden und schließlich den Wert des Spirituellen zu entdecken.

Falls ein Mensch nichts für Spiritualität übrig hat, so kann er doch ein anständiges Leben führen und ehrlich sein. Das Deuten von Ereignissen bringt überhaupt nichts. Ein einfaches, ehrliches Leben genügt. Wir sollten nicht mit unserem Schicksal hadern, daß wir nicht reich und schön sind. Vielleicht sehnt sich ein Mensch dana44

ch, etwas Besonderes zu sein, und macht dann eine sogenannte Rückführung. Dort erfährt er, daß er in einem früheren Leben ein König oder eine Königin war. Das hebt dann für dieses Leben höchstens sein Ego-Bewußtsein, was ändert es sonst?

Wichtig ist es, keinen Neid auf irgend jemand zu entwickeln. Neid vergiftet die Seele, und eines ist sicher: Jeder hat exakt das Karma, das Leben, das zu ihm gehört.

Übung

Sitzen Sie still, und gehen Sie mit Ihrem Bewußtsein ganz nach innen. Stellen Sie sich vor, Sie hätten einen Stern, mit dem Sie, wie mit einer Rakete, durch Raum und Zeit fliegen könnten. Dieser Stern bringt Sie in jedes Jahrhundert, zu jedem Teil der Erde, in Sekundenschnelle. Immer, wenn Sie eine Jahreszahl denken, zischt der Stern mit Ihnen im Nu in diese Zeit an einen bestimmten Ort.

Seien Sie mutig, Sie müssen keine Angst haben, es passiert nichts. Sie haben einen starken Beschützer. Es sind Ihre eigenen guten Gedanken, Taten und Wünsche. Diese haben sich in einer Lichtgestalt manifestiert. Es ist Ihr Schutzgeist. Fliegen Sie durch Raum und Zeit, und machen Sie sich klar, daß Sie schon unzählige Male gelebt haben. Aus jedem Leben sind Sie als ein anderer gegangen als der, der Sie bei Ihrer Geburt waren.

Finden Sie in sich den Ariadnefaden, der Sie durch alle Existenzen führt, durch viele verschiedene Formen und Körper, Leben für Leben. Ja, sogar ein Leben auf mehreren Ebenen gleichzeitig ist möglich.

Ergänzende Übung

Gehen Sie am Abend vor dem Einschlafen in Gedanken jedes Ereignis des Tages durch. Dann gehen Sie in Gedanken Tag für Tag zurück, eine ganze Woche lang.

Weiter können Sie von heute an jedes Ereignis, was sich aus einem anderen ergeben hat, zurückverfolgen. Gehen Sie immer weiter rückwärts bis in die frühe Kindheit. Vielleicht erkennen Sie die Logik hinter den Ereignissen. Und Sie denken, aha, also deswegen mußte ich diese Ausbildung abbrechen, mußte ich diese Menschen treffen, deshalb haben sich jene Menschen von mir getrennt usw. Warum? Damit Sie heute und hier diese Persönlichkeit sind, mit allen Fähigkeiten und Kenntnissen, die Sie haben, damit Sie heute mit Menschen zusammenleben, für die Sie damals noch nicht reif waren.

———————————— ❧ ————————————

Alle Erfahrungen Ihres Lebens waren notwendig, um Ihre Persönlichkeit zu formen und Sie zu dem zu machen, der Sie sind. Erkennen Sie, daß Sie ein geistiges Wesen sind, das einen physischen Körper zur Verfügung hat! Erkennen Sie, daß Sie ein Wesen sind, das im Laufe des Lebens von Liebenehmen und Liebegeben geprägt worden ist!

Ein Leben ohne Liebe für andere macht das Leben kompliziert. Ein Mensch, der das Glück für sich allein sucht, ist unglücklich, derjenige, der es anderen wünscht und gibt, wird glücklich. Auch hier gilt das Wort: «Geben ist seliger denn nehmen.»

Warum sind Gier, Neid, Haß und Unwissenheit in uns Menschen so stark ausgeprägt? Wir können ja zu unserer Entschuldigung einmal annehmen, daß unser Stammhirn schuld hat. Es gibt uns diese animalischen Eigenschaften aus Urzeiten und läßt sich so schwer oder gar nicht von Einsichten überzeugen. Doch ich darf nicht sagen, daß der Mensch sich wie ein Tier verhält.

Ich täte den Tieren Unrecht damit. Ich habe Tiere erlebt, die so liebevoll und fürsorglich zueinander waren, wie es manche Menschen nicht sind.

Das heißt doch, unser Ego steht uns im Wege. Wir wollen alles haben, was uns wohltut, wir wollen alle glücklich sein. Sehen wir, daß ein anderer glücklicher ist als wir oder schöner oder reicher, dann werden wir neidisch und wollen das, was er hat, auch haben. Wir hegen auch jede Menge Abneigungen; alles, was uns unangenehm ist, wollen wir meiden, nicht nur Krankheit, Armut, auch Menschen, die uns lästig sind, oder Kälte und Hunger oder sonst etwas Unangenehmes. Vorlieben und Abneigungen sind Eigenschaften unseres Egos.

Unser Ego ist der Grund für viele unserer Schwierigkeiten. Es ist dieses «Ich»-Denken. Ich will dieses oder jenes, ich will das nicht usw. Nun ist es auffallend in esoterischen Gruppen, daß dort viel davon geredet wird, man solle sein Ego aufgeben. Doch die meisten Gruppenmitglieder sind eher ängstliche Menschen, die vor dem Ego der anderen Angst haben. Die meisten haben ihr Ego im echten Sinne überhaupt noch nicht entwickelt, es überhaupt noch nicht entdeckt. Sie können noch nichts loslassen, auch nicht ihre Meinung, daß Ego etwas Schlechtes sei. Ego ist Energieballung, die «ich» sagt. Wenn diese Energie entwickelt wird und man bewußt damit arbeitet – dann erst findet eine Transformation vom Ego zum Selbst statt; dann übernimmt das geistige, höhere Selbst die Führung, und das kleine, untere Ich-Ego läßt sich führen. Dann hat man sein Ego losgelassen. Es ist ein Fortschreiten in andere geistige Dimensionen, zu den nächsten höheren Werten.

16
Konflikt und Frieden

Opfer und Verzicht sind zweierlei Dinge:
Opfer geschieht aus Liebe, Verzicht aus Gleichmut.

Hazrat Inayat Khan

Frieden halten die meisten Menschen für den Idealzustand. Reihen Sie sich auch in diese Gruppe ein? Frieden kann doch auch bedeuten, daß ich Angst vor dem anderen habe, und damit er mich in Ruhe läßt, mache ich, was er will. Frieden kann ein Zustand sein, wo alles stagniert, eine Art Totenruhe. Frieden als dynamischer Prozeß, wo Werte sich verändern, wo Recht und Unrecht zusammenfallen, wo Widersprüche sich gegenseitig aufheben, gibt es das?

Gehören Frieden und Konflikt in der Welt der Gegensätze nicht zusammen? Gehören ein Gefühl der Spannung und der Entspannung zusammen? Sind sie nicht jeweils das eine Extrem vom anderen? Wie können wir Frieden finden, und welchen Frieden wollen wir überhaupt?

Finden wir Frieden, indem wir auf die Straße gehen und lautstark fordern, daß die anderen endlich friedlich sein sollen? Oder finden wir Frieden, wenn wir in den Wirtshäusern am Stammtisch auf «die da oben» schimpfen, oder indem wir resignieren und unzufrieden durch das Leben gehen? Wie hoch ist unsere Kapazität, Spannungen auszuhalten? Denken Sie an Begebenheiten, bei denen Sie in der letzten Zeit aus der Haut gefahren sind. Hat Ihnen jemand den Parkplatz weggeschnappt, als Sie endlich einen gefunden hatten und es außerdem noch besonders eilig hatten?

Haben Ihre Kollegen hinter Ihrem Rücken versucht, Sie aus dem Betrieb zu ekeln? Mußten Sie beim Arzt wieder lange warten? Hatte Ihr Flugzeug oder Ihr Zug wieder Verspätung? Hat Ihr Friseur Ihnen wieder einmal die Haare falsch geschnitten? Haben Ihre Kinder Ihnen freche Antworten gegeben? Es gibt eine Vielzahl von Gründen, weshalb man sich ärgern kann.

Natürlich gibt es Tage, da liegen die Nerven fast bloß, es reicht die berühmte Fliege an der Wand oder ein falsches Wort, um einen aus der Fassung zu bringen. Warum tun wir uns und unseren Mitmenschen das an? Frieden beginnt einmal mit dem eigenen, inneren Unterscheiden, ob es sich lohnt, sich zu ärgern; dann mit der Überlegung: Warum ärgere ich mich? Wozu, weshalb? Wozu soll das gut sein?

Ärger ist eine Reaktion unseres Denkens auf bestimmte Situationen. Irgend etwas läuft nicht so, wie wir wollen und uns vorstellen. Natürlich ist es auch eine Temperamentsfrage. Manche Menschen bleiben viel länger ruhig und friedlich als andere in der gleichen Situation. Andere explodieren bei kleinsten Anlässen. Es ist bekannt, daß ein Mensch, der nicht weiß, wie er sich verbal ausdrücken soll, seine Gefühle eher anstaut und dann auch schneller explodiert.

Staut sich in uns aggressive Energie an, so sinkt unsere Kapazität, Streß auszuhalten. Wir werden schneller gereizt, wir greifen andere an, um nicht selber angegriffen zu werden, und schon ist ein Konflikt entstanden. Doch es ist eine Illusion zu denken, ein Leben ohne Konflikte sei möglich. Die Frage ist nur: Wie gehen wir damit um? Rein theoretisch müßten wir doch so intelligent sein, uns so zu verhalten, daß wir mit jedem in Harmonie und Frieden leben können.

Doch wo blieben dann die schwierigen Situationen, wo die «Prüfungen des Lebens»? Die himmlische Karma-Verwaltung hat anscheinend sehr komplexe Programme laufen, bei denen wir trotz bester Absichten doch immer wieder in Konflikte kommen müssen. Die Erde ist wohl ein recht geeigneter Schulungsort für uns Menschen. Einen besseren Ort mit diesen Bedingungen gibt es anscheinend nicht. Selbst Jesus Christus hatte sich entschlossen, auf unserem Planeten geboren zu werden. Und all die großen Heiligen, Meister und Propheten haben auf unserem Erdball gelebt und gelehrt und teilweise auch das Leid der Erde mitgetragen. Das ist doch kein Zufall, sondern Teil des göttlichen Planes.

Vielleicht können wir das so deuten, daß immer, wenn es Zeiten für die Menschen gab, die besonders schwer zu ertragen waren, oder Zeiten, in denen das Bewußtsein bestimmter Menschengruppen reif für neue Erkenntnisse war, ein Meister, Heiliger oder Prophet inkarnierte und die Botschaft brachte, daß es außer dem Leid auf der Welt noch etwas anderes gebe, daß Geld und Gold nicht das Höchste der Schöpfung seien und daß Liebe, die Nächstenliebe, Agape, wie die Griechen sagen, und Gott, der große Geist, andere, höhere Werte darstellen würden.

Gott ist notwendigerweise der andere Pol: auf der einen Seite die dunkelste Dichte, sei es in der Materie, in den Gefühlen oder den Gedanken, und auf der anderen Seite das Lichteste, Hellste, Heiligste – Gott. Und wir sind irgendwo dazwischen, auf dem Entwicklungsweg vom primitivsten Wesen zum Göttlichen.

Gerne möchten viele wissen, wo sie auf dem geistigen Wege stehen. Sie möchten mit Lichtwesen kommunizieren, mit möglichst hohen Geistwesen. Ihre Seelen haben Sehnsucht nach dem Lichten, Guten. Und doch bleibt es uns gnadenhaft verborgen, wo wir stehen. Mit unserem kleinen Alltagsverstand verlören wir schnell den Mut, wenn wir sehen könnten, wie relativ wenig wir spirituell entwickelt sind im Vergleich mit den unendlichen Dimensionen des Lichtes, die vor uns liegen, und den Wesen, die darin leben.

Und doch bekommen wir Führung und Schutz und Inspiration aus der geistigen Welt. Die Wesen dort schätzen unseren Einsatz und alles, was wir tun im Wunsch, Gott zu dienen. Wir dürfen Liebe in uns wachsen lassen, wir dürfen unsere Sehnsucht stärken und dankbar und glücklich sein für jedes kleinste Zeichen, daß wir auf dem richtigen Wege sind.

Hüten wir uns nur vor Überheblichkeit, die sich so schnell einschleichen kann. Das Kennzeichen so vieler halbechter und falscher Gurus ist das Betonen ihres Besondersseins. Ihre Schüler sind auserwählt, weil die «Gurus» sie zu ihren Schülern ernannt haben. Aber jeder einzelne Mensch ist Gottes geliebtes Kind. Jeder einzelne ist für Gott wie der einzige Sohn oder die einzige geliebte Tochter. Gottes Liebe ist unbegrenzt; sie umfaßt alles.

Er gibt sich für jeden vollkommen hin. Nur hat der Mensch nicht die Kapazität, das zu erkennen. Für den einzelnen ist es eine Frage der intensiven Suche nach Gott. Es ist ein Zeichen der geistigen Reife, wenn ein Mensch die Umkehr zum Spirituellen vollzieht. Andere Dinge bekommen dann Priorität. Ein neues Denken führt zu neuen Erkenntnissen, ein neues Verhalten führt auf einen neuen Weg.

Intelligenz ist nicht das einzige, was wir brauchen. Weisheit ist eine Eigenschaft, die mit Herzensbildung zu tun hat, nicht mit Bildung des Intellekts. Diese Eigenschaft ist ein Ergebnis des geistigen Wachstums. Indem wir Weisheit entwickeln, erkennen wir die Konflikte an ihrer Wurzel, wir ändern unser Verhalten und verursachen dann weniger Leid für uns und andere.

Was bedeutet Herzensbildung? Wir schicken unsere Kinder in die Schule, damit ihr Intellekt geschult wird. Später gehen viele von ihnen auf die Universität und trainieren dort ihre intellektuellen Fähigkeiten weiter. Wo können wir unser Herz bilden, unser mystisches, spirituelles Herz?

Gott ist Liebe! Hat je ein Mensch diesen Satz in seiner ganzen Bedeutung erfaßt? Stoßen wir nicht immer wieder an unsere Grenzen? Doch die meisten Menschen interpretieren Liebe auf die eine oder andere Weise, je nach ihrem Verständnis.

«Ich liebe Erdbeerkuchen, ich liebe meinen Hund oder mein Auto, ich liebe Flugreisen oder Urlaub, ich liebe meinen Partner oder meine Partnerin.» Es bedeutet, ich mag etwas, weil es mir ein Wohlgefühl vermittelt. Für den spirituellen Menschen verändern sich die Werte. Er wird vielleicht im Laufe seines Lebens durch schwierige Partnerbeziehungen gegangen sein und das Wort Liebe schon oft hinterfragt haben.

Lieben Sie Ihren Partner oder Ihre Partnerin? Angenommen, Ihr Partner braucht – durch Unfall oder Krankheit verursacht – eine neue Niere oder ein neues Auge; würden Sie, wenn alle Tests stimmen, ihm oder ihr ein Organ spenden? Wenn ja, dann lieben Sie wirklich. Lieben bedeutet doch, wenn es sein muß, für den anderen sein Leben einzusetzen.

17
Groll wirkt wie Gift

Eure großen Feinde sind jene, die euch nah und teuer sind;
doch ein noch größerer Feind seid ihr euch selbst.

Hazrat Inayat Khan

Sei es in kleinen oder großen Angelegenheiten: Frage zuerst
dich selbst und finde heraus, ob du dich in einem inneren
Zwiespalt befindest über das, was du tun möchtest. Findest du
keinen Konflikt vor, dann kannst du sicher sein, daß dir schon
der Weg bereitet ist. Du mußt nur einen Schritt vorangehen,
Gott wird die weiteren Schritte führen.

Immer, wenn wir in ein neues Jahr gehen, fassen wir auch
neue Vorsätze, was wir besser oder anders machen wollen.
Gegen diesen Brauch ist ja nichts einzuwenden, wenn schließlich etwas Heilsames dabei herauskommt. Meistens sind es
jedoch Vorsätze wie: «Ich will weniger rauchen, weniger essen,
mehr Sport treiben.» Haben Sie sich schon einmal vorgenommen: «Im neuen Jahr will ich geduldiger mit meinen Mitmenschen sein und verständnisvoller.»? Oder haben Sie Silvester,
statt mit Fernsehen und Silvesterkrachern zu verbringen, sich
mal in Ruhe hingesetzt und in Ihrem Inneren aufgeräumt? Mit
wem habe ich noch ein Problem, das ich lösen möchte? Wem
habe ich Unrecht zugefügt, ein kränkendes Wort gesagt, bei
wem möchte ich mich entschuldigen?

Ich möchte das neue Jahr beginnen, indem ich mich mit
allen Menschen aussöhne, mit denen ich nicht mehr in Harmonie bin. Ich will es jedenfalls versuchen, soweit es in meinen Möglichkeiten liegt. Mein guter Wille ist vorhanden. Da
wir jederzeit einen Neuanfang machen können, empfehle ich
Ihnen die folgende Meditation.

Übung

Stellen Sie sich eine schöne Landschaft vor, wo Sie sich mit dem Menschen treffen, mit dem Sie sich aussöhnen wollen. Sprechen Sie mit ihm, sagen Sie, was Sie auf dem Herzen haben. Lassen Sie den anderen auch zu Wort kommen. Hören Sie ihn an. Vielleicht finden Sie bei Ihrem ersten Treffen noch keine Einigung. Dann verabreden Sie sich wieder.

Es ist möglich, daß es einige Zeit dauert, bis es soweit ist. Machen Sie so viele Meditationen, bis Sie mit dem anderen Frieden geschlossen haben. Diskutieren Sie mit ihm, lassen Sie seine Gedanken und Gefühle zu, und führen Sie den inneren Dialog so lange, bis die Mißverständnisse ausgeräumt sind. Am Ende einer Meditation bedanken Sie sich bei dem anderen und wünschen ihm Gottes Segen.

Reichen Sie als erster die Hand. Es kommt nicht darauf an, ob Sie an dem Konflikt schuld haben oder nicht. Es sind letztlich immer alle beteiligt, aktiv oder passiv. Es macht auch nichts, wenn der andere nicht mehr am Leben ist. Sie können ihm einen Brief schreiben, worin Sie ihm alles erklären. Später können Sie den Brief verbrennen und den Konflikt symbolisch durch das Feuer in Asche verwandeln und dann verstreuen.

Tun Sie sich das nicht an, daß Sie Ihren Groll ein ganzes Leben mit sich herumtragen. Groll vergiftet, und das Gift potenziert sich im Laufe der Jahre. Am Ende reagiert Ihr Körper mit Krankheiten und Schmerzen, weil die negativen Groll-Energien ihre Wirkung zeigen. Auch Groll ist eine Energieform und kann verwandelt werden − in Freude. Durch Loslassen und Ablassen von Vorwürfen gewinnen wir Freiheit. Freiheit schafft Raum für positive Gefühle.

Es ist, als ob Sie Ihren Kleiderschrank endlich einmal ausräumten und all die Sachen aussortierten, die Ihnen gar nicht mehr passen, die Sie aber jahrelang aufbewahrt haben. Vielleicht sind noch Erinnerungen damit verknüpft. Doch das ist Vergangenheit, und Sie leben jetzt. Wenn Sie gründlich aussortiert haben, ist plötzlich sehr viel Platz im Schrank. Vielleicht leisten Sie sich dann, wenn Sie es brauchen, ein neues, modisches Kleidungsstück, das Ihnen paßt und das Ihnen jetzt viel besser steht. Alter Groll paßt nicht mehr, er ist längst ausgewachsen. Wenn Sie sich nicht davon trennen, ist es, als ob Sie als Erwachsener immer noch Ihren Konfirmanden-Anzug trügen oder als Frau Ihr Hochzeitskleid, das Ihnen vor dreißig Jahren einmal paßte. Es engt Sie ein, macht Sie unfrei, nimmt Ihnen den Atem.

Kann man sagen, man sei Christ, die Bibel zitieren und gleichzeitig für sich in Anspruch nehmen, einen eigenen Weg zu gehen? Wir interpretieren für uns die Worte der Bibel so, wie es uns paßt. Den Rest ignorieren wir. Immer, wenn uns etwas lieb und gut erscheint, tun wir uns leicht, es zu akzeptieren. Aber sobald es schwierig für uns wird, sträuben wir uns.

Wie oft soll ich meinem Bruder vergeben, wird in der Bibel gefragt. Finden Sie die Antwort heraus. Finden wir jeder für uns die Antwort. Schonen wir doch die Seele unseres Mitmenschen und verletzen und kränken nach Möglichkeit keinen absichtlich. Hat jemand uns mit Worten oder mit seinem Verhalten verletzt, so sollten wir unterscheiden zwischen der Tat und dem Menschen.

Sagen wir demjenigen: «Ich fühle mich durch deine Worte verletzt», so machen wir ihm die Wirkung seiner Worte bewußt. Viele Menschen sind unbedacht, sie tun etwas, sagen etwas und bedenken in keiner Weise die Wirkung. Wir können ihnen helfen, wenn wir sie in Ruhe darauf aufmerksam machen, wie ihre Worte, ihr Verhalten auf uns wirken.

Reagieren wir auf ihr Tun spontan ärgerlich und setzen den Menschen mit seiner Tat gleich, so werden wir weder

der Sache noch ihm gerecht. Wir alle, jeder Mensch, sind Teil der göttlichen Schöpfung, und diese zu kritisieren kommt uns nicht zu.

Seien wir vorsichtig damit, gute Vorsätze zu fassen. Ich sollte, ich müßte, ich könnte – dieses tun und jenes lassen, und und und... Besser ist es, eine Sache auf einmal in Angriff zu nehmen. Herrscht zum Beispiel seit Jahren zwischen Ihnen und einem Menschen, mit dem Sie einmal befreundet waren, «Funkstille», so können Sie mit diesem Menschen beginnen. Sagen Sie sich: «Ich will Kontakt aufnehmen und mit diesem Menschen Frieden schließen.» Auch wenn hinterher kein weiterer Kontakt möglich oder nötig ist. Aber tun Sie einen Schritt nach dem anderen.

Geben Sie auch einem sogenannten Feind eine Chance. Seien Sie großzügig. Finden Sie eine gute Eigenschaft an ihm. Wünschen Sie ihm Wohlergehen und Glück. Warum hat Jesus gesagt: «Segnet eure Feinde?» Er hat indirekt das Karmagesetz angesprochen: Jede Tat hat ihre Wirkung; Unrecht tun bringt dem Urheber wieder Unrecht; Segnen bringt Heilsames.

Es ist ja für die meisten von uns eine Umprogrammierung unseres Verhaltens, wenn wir nicht mit gleicher Münze heimzahlen. Nur zu leicht reagieren wir mit «wie du mir, so ich dir», oder sogar noch schlimmer. Wann nehmen wir die Umprogrammierung vor? Es ist für uns ein Umschulungsprogramm unseres Denkens, Fühlens und Tuns. Wir werden in kritischen Situationen erst einmal tief durchatmen und überlegen, welche Wirkung unser Tun haben wird.

Wenn ich verletzt, bösartig, aggressiv reagiere, was löst das aus? Wobei ich der Ansicht bin, daß wir uns trotzdem nicht alles gefallen lassen müssen. Doch wir können uns abgrenzen, dem anderen sagen, daß wir keine Absicht haben, uns von ihm verletzen zu lassen, und daß wir erst wieder miteinander sprechen wollen, wenn wir mehr in unserer Mitte sind. Es ist nicht nötig, immer sofort zu reagieren. Wir können uns genügend Zeit lassen, um angemessen miteinander umzugehen und eine Lösung zu finden, die für alle Teile gut ist.

Überstürzen wir keine Entscheidung. Auch das kann zu unseren Vorsätzen gehören, die wir verwirklichen. «Ich nehme mir für Entscheidungen die Zeit, die ich brauche.» Diese Bedenkzeit, sei es eine Viertelstunde oder «eine Nacht darüber schlafen», hilft uns, eine Entscheidung zu treffen, bei der wir innerlich ein gutes Gefühl haben. Für viele heißt das, im Einklang mit sich sein, mit seinem Gewissen. Auf jeden Fall sollte es eine überlegte Entscheidung sein.

18
Vergessen lernen

*Welchen Pfad du auch erwählst, den wahren oder den falschen —
wisse, daß eine mächtige Hand dir helfen wird, darauf zu wandeln.*

Hazrat Inayat Khan

Es gibt noch einen anderen Aspekt der Selbstdisziplin: die Übung, Dinge zu vergessen, so daß bestimmte Gedanken einen nicht länger beherrschen können. In derselben Weise kontrolliert man Gedanken bei Aufregung, Ärger, Depression, Vorurteil und Haß. Das gibt moralische Disziplin. Indem man das übt, wird man Meister über seinen Verstand.

Über jeden Menschen kommen ab und zu Zeiten der Schwere, der Einsamkeit und der Angst. Es gehört zum menschlichen Leben, daß wir uns in Grenzsituationen wiederfinden. Die Frage ist dann: Was tue ich? Jammere ich, tue ich mir leid? Suche ich Trost im Alkohol, in der Arbeit oder in irgendwelchen Drogen? Wie halte ich Spannungen aus, die ich mental, aber auch physisch spüre?

Nehme ich sie gelassen wahr? Versuche ich darüber Klarheit zu gewinnen, was das für Energien sind, woher sie kommen, was sie für eine Wirkung haben? Jeder wird auf seine Weise damit umgehen. Manche Menschen haben Prägungen oder Vorbilder aus der Kindheit, die sie unbewußt in ihrem Verhalten beeinflussen. Wie sind Ihre Großeltern und Eltern mit äußeren und inneren Krisen umgegangen?

Die Großmutter hat vielleicht Zuflucht im Gebet gesucht, und es ging ihr nach dem Beten immer viel besser, weil sie ihre Sorgen und Nöte Gott anvertraut hat. Der Großvater las in der Bibel und vertraute auf das Wort Gottes. Oder er suchte Trost im Alkohol, und es ging ihm zwischen den betäubten Zuständen jeweils schlecht. Vielleicht wurde ein Vater in Krisen wortkarg, zeigte dann für Wochen keinerlei Emotionen mehr und sprach mit niemandem. Eine Mutter klagte vielleicht lauthals, telefonierte mit allen ihren erwachsenen Kindern, von denen sie Geborgenheit, Liebe und Hilfe erhoffte. Doch Kinder sind nur normale Menschen und keine Therapeuten, und ihre Kapazität ist nicht unendlich.

Wohin wenden wir uns, wenn es uns schlechtgeht? Ein Mann sagte mir, er schaue dann auf diejenigen, denen es noch schlechter gehe, und dann sei er wieder dankbar für das, was er noch habe. Hat Dankbarkeit vielleicht auch etwas mit Verzeihenkönnen zu tun? Sind wir leichter fähig zu verzeihen, wenn wir im Herzen dankbar sein können? Ein dankbares Gemüt erfüllt uns mit Freude und Zufriedenheit, und diese lösen inneren Groll leichter auf. Geben wir einem Menschen Freude, so geben wir ihm Leichtigkeit – es wird ihm licht. Er wird vor Freude ganz leicht. Das heißt auch, er kann sich in lichtere Höhen, auch geistig, erheben. Es fällt ihm leichter als einem Menschen, der Groll und Haß und vielleicht sogar Rachegedanken in sich trägt.

Hegen wir Dankbarkeit, dann geben wir einen Teil der Gründe, weshalb wir etwas Schönes empfangen haben, an eine höhere Stelle weiter. Wir nehmen es nicht als selbstverständlich, daß uns etwas Gutes zusteht und zukommt. Selbst Jesus, als Sohn Gottes, dankte für das tägliche Brot. Danken wir Gott noch für die täglichen Gaben, für Brot, sauberes Wasser und reine Luft?

Wir jammern bestenfalls zu Gott, wenn es uns schlechtgeht, wenn wir oder unsere Angehörigen krank sind. Wie verwöhnte Kinder führen wir uns auf. Kaum geht es uns besser, nehmen wir es auch schon wieder als selbstverständlich und geben unserer Gier nach schöneren, besseren Lebensbedingungen nach. Doch es wird eine Umkehr geben. Viele Zeichen sind schon zu erkennen. Das Dichte, die dichte materielle Schwingung hat den menschlichen Geist zur Genüge heruntergedrückt.

Wir Menschen beginnen ganz langsam ein neues Gefühl für andere Werte zu entdecken. Die geistigen Werte erwarten entdeckt, entwickelt und gepflegt zu werden. Es sind diese inneren Werte, die uns ein Gefühl von Erfüllung schenken und die nicht vergehen. Wachsen Liebe, Dankbarkeit, Vertrauen in Gott oder eine höhere Macht, so wächst auch unsere Gelassenheit.

Mit der Entwicklung der geistigen Werte entfaltet sich auch die Unterscheidungskraft. Wir wissen dann innerlich, was wirklich einen Wert hat und was nicht, wofür es sich lohnt zu leben und wie wir heilsam für Mitmenschen und Umwelt wirken können. Stellen Sie einmal Ihre eigenen Werte zusammen, die für Sie von Bedeutung sind. Meditieren Sie darüber. Welche Werte sind für Sie wichtig? Mitgefühl und Liebe oder Wahrheit oder Meisterschaft?

Übung 1

Machen Sie für einen ganzen Monat das Thema Liebe und Mitgefühl zu Ihrem Meditationsthema. Denken Sie an Mitgefühl und Liebe. Denken Sie an Menschen, die Sie kennen oder von denen Sie gehört oder gelesen haben, egal, ob diese noch leben oder nicht. Aber es sollten Menschen sein, die diese Eigenschaft besonders gut zum Ausdruck brachten. Stellen Sie sich genau vor, wie diese Menschen waren, was sie taten, wie ihre Ausstrahlung war, wie sie in bestimmten Situationen reagierten.

Sie können sich auch den Erzengel Raphael als Archetyp der Barmherzigkeit vorstellen. Er ist der Heilengel, der Verstehende, der Gütige. Er schenkt Heilung und verströmt als Zeichen der unerschöpflichen Gottesliebe reine Liebe. Er inspiriert die Menschen in ihrer Tätigkeit des Heilens und Helfens.

Denken Sie an die vielen verschiedenen Aspekte von Liebe und Mitgefühl, die sich im irdischen, seelischen und geistigen Bereich manifestieren. Nehmen Sie wahr, wie diese Gefühle Ihr Herz weit und warm werden lassen. Stellen Sie sich in Gedanken vor, wie die Menschen, die Sie lieben, einer nach dem anderen zu Ihnen kommen. Schicken Sie rosa Strahlen des Mitgefühls aus Ihrem Herzchakra in das Herzchakra des anderen. Dann segnen Sie jeden und sagen zu ihm: «Ich nehme dich in mein Herz und schenke dir meine Freude, ich hülle dich in meine Liebe.»

Danach denken Sie an Menschen, die Ihnen nicht so nahestehen, und machen wieder dieselbe Übung. Schließlich stellen Sie sich Menschen vor, die Sie nicht mögen, die Sie verletzt haben, mit denen Sie Probleme haben. Wieder schicken Sie den rosa Strahl der Liebe aus Ihrem Herzen zum Herzen des anderen, und wieder sagen Sie die obigen Worte.

Denken Sie auch an Tiere, Pflanzen, den ganzen Planeten Erde. Ihr Herz ist unendlich groß und weit, wenn es von Liebe erfüllt ist.

Übung 2

Fakten sind verstehbar, doch die Wahrheit ist jenseits des Verstehens, denn Wahrheit ist unbegrenzt.

Hazrat Inayat Khan

Sie können für Ihre Meditation auch einen Monat lang das Thema Wahrheit wählen. Kennen Sie absolut wahrhaftige Menschen? Sonst nehmen Sie sich den Erzengel Michael als Archetyp der Wahrheit. Groß, leuchtend, streng, mit dem feurigen Schwert der Unterscheidungskraft ausgerüstet, steht er im Dienste Gottes. «Wer ist wie Gott?» bedeutet der Name Michael. Der Erzengel Michael kämpft mit dem Schwert der Wahrheit auch für die Naturgesetze. Er ficht als Ritter gegen das Böse und Unwahre.

Doch vergessen Sie nicht: Er hat auch Liebe, eine sehr hohe Liebe in sich. Wahrheit ist hier mit Liebe vereint. Kontemplieren Sie den Begriff Wahrheit. Sagen Sie 33mal ganz bewußt und langsam mit dem Atem: Wahrheit. Dann denken Sie 33mal mit dem Einatmen: Wahrheit. Beim Ausatmen denken Sie nichts. Die letzten 33mal denken Sie beim Einatmen und Ausatmen Wahrheit. Dann sitzen Sie still und nehmen Sie wahr, was die Wahrheit in Ihnen bewirkt.

Vielleicht imaginieren Sie den Erzengel Michael und lassen seine Ausstrahlung in sich hineinfließen. Sie werden ein neues Verhältnis zur Wahrheit bekommen.

Wenn ein Mensch zur Wahrheit wird, kann er in den Herzen aller Wesen wie in einem offenen Buch lesen. Dann beginnt er mit allen Dingen und Wesen zu kommunizieren. Wohin sein Blick auch fällt, auf die Natur oder auf einen Charakter, er liest ihre Geschichte, er sieht ihre Zukunft. Er sieht hinter allen Fehlern der Menschen die Ursache. Während ein Durchschnittsmensch nur die Taten der anderen sieht, kann der Seher den Grund des Tuns erkennen. Und ist seine Sicht noch reiner, so kann er den Grund dieses Menschen sehen. Er weiß, warum ein Geschehnis eintritt, woher es kommt, was dahinter ist, was die Ursache dafür ist, und hinter der erscheinenden Ursache sieht er die verborgene Ursache. Will er die Ursache hinter der Ursache finden, kommt er zur ersten Ursache, denn das innere Leben ist durch die Ur-Ursache lebendig, indem es mit der Ur-Ursache in Einheit ist.

Hazrat Inayat Khan

Übung 3

Ein Mensch, der vor seinem eigenen Verstand hilflos ist, ist es auch allen Dingen der Welt gegenüber. Meisterschaft liegt nicht bloß darin, den Verstand zu beruhigen, sondern auch darin, ihn auf jeden gewünschten Punkt zu richten: indem wir ihn soweit aktivieren, als wir es wünschen, indem wir ihn benutzen, um unseren Zweck zu erreichen, indem wir ihn beruhigen, wenn wir es wollen.

Hazrat Inayat Khan

Wählen Sie sich einen Monat lang das Meditationsthema «Meisterschaft». Was stellen Sie sich unter Meisterschaft vor? Vielleicht einen Menschen, der inmitten von Streß und Turbulenzen Gelassenheit und liebevolles Wohlwollen ausstrahlt, der Herr seiner selbst bleibt und für viele eine Stütze und Quelle der Kraft ist? Für ihn ist Gott der Fels, auf den er sein ganzes Sein baut. Im festen Vertrauen, daß er in Gott geschützt ist, hat er seine Sinne und Emotionen gemeistert.

Üben Sie sich einen ganzen Monat in Selbstdisziplin, denn diese führt zur Meisterschaft. Lernen Sie impulsive Neigungen zu beherrschen. Geben Sie nicht jeder Lust, nicht jedem Impuls nach. Indem Sie lernen, Ihre kleinen spontanen Impulse zu beherrschen, bereiten Sie den Weg zur Meisterschaft vor.

Indem Sie Meisterschaft üben, werden Sie immer mehr Herr über Ihr Leben und Ihr Schicksal. Wir werden hilflos auf Erden geboren. Doch im Laufe des Lebens erkennen wir zwei wesentliche Aspekte in uns: den Aspekt des Dieners und den Aspekt des Meisters. Bleiben wir zu lange in der Rolle des Dieners, dann sehnt sich der Meisteraspekt danach, verwirklicht zu werden, und weiß doch nicht, wie es geschehen soll.

Um Meisterschaft zu üben, brauchen Sie vielleicht innere Kraft. Üben Sie bewußt, indem Sie mit dem Einatmen den Begriff Kraft oder Energie denken. Spüren Sie, wie Energie aus dem Kosmos auf Sie herabströmt. Atmen Sie sie ein. Füllen Sie alle Zellen des Körpers mit dieser Energie. Nach ca. zehn Minuten atmen Sie ein und denken: Energie – beim Ausatmen lassen Sie Energie wieder ausströmen.

Danach sitzen Sie und nehmen wahr, wie die Energie in Ihrem Körper und in dem Energiefeld, das den Körper umgibt, fließt und pulsiert. Stellen Sie sich innerlich vor, daß Sie zum Heil aller Menschen, aller fühlenden Wesen und zum Wohl der Umwelt diese Energie einsetzen wollen. Sie stellen sich in den Dienst aller, die zum Heil und Guten wirken wollen.

«Zur Ehre Gottes und zum Heil aller fühlenden Wesen will ich leben und wirken.» Diese Worte können Sie für sich als Leitspruch nehmen.

———————————————— ❧ ————————————————

19
Hilfe zur Selbsthilfe

Mit Gottvertrauen, Selbstvertrauen, gutem Willen
und einer hoffnungsfreudigen Einstellung zum Leben
wird der Mensch in jedem noch so schweren Ringen siegen.
Hazrat Inayat Khan

Es ist immer wieder überraschend, wie der Mensch reagiert, wenn er überfordert wird. Traut der eine sich nicht, gegen gegebene Regeln zu verstoßen, arbeitet auf Verlangen immer mehr und paßt sich an, so kann ein anderer urplötzlich explodieren oder sonstwie unberechenbar reagieren. Das geschieht besonders in zwischenmenschlichen Beziehungen.

Menschliche Beziehungen gibt es in den verschiedensten Bereichen, in der Familie, im Freundeskreis, im Bekanntenkreis, im Arbeitsbereich und im weiteren Umfeld. Eine Begegnung mit einem Menschen hat unter Umständen weitreichende Folgen. Manche Menschen treffen wir nicht nur in einem Leben, sondern in vielen Inkarnationen immer wieder. Eine schwierige Beziehung kann einige Inkarnationen benötigen, um in ein harmonisches Gleichgewicht zu kommen.

Hindern wir uns selber durch unsere Sturheit, dem anderen sein Recht zu lassen, ihm Recht zu geben, so werden wir immer wieder und so lange mit diesem Menschen zu tun haben, bis wir gelernt haben: «Die Freiheit, die ich mir nehme, muß ich auch dem anderen zugestehen.» Das heißt auch die Freiheit, eine andere Meinung oder Ansicht von etwas zu haben.

Ein Mensch, der anderen diese Freiheit zugesteht, ist selbst auch innerlich frei. Er steht zu seinen Entscheidungen und übernimmt für sein Leben und Tun Verantwortung. Also braucht er nicht jemand anderen, den er fragt, was er machen

soll. Jeder, der einen Rat gibt, trägt auch die Verantwortung für die Folgen, die daraus entstehen können.

Gut ist es, den Ratsuchenden dahin zu bringen, daß er überlegt, ob er vielleicht Angst hat vor der eigenen Verantwortung und deshalb lieber von jemand anderem eine Entscheidung erwartet. Doch die Gefahr liegt natürlich darin, daß er dem Ratgeber Vorwürfe machen wird, wenn der Rat schlechte Ergebnisse bringt. Das Ganze ist dann ein böses Spiel.

Der Ratsuchende kommt mit einem Gesicht, das ohne Worte schon Bände spricht: «Hilf mir, ohne dich bin ich verloren.» Der nächste Retter ist nicht weit, die Welt ist voller Retter, die sich viel lieber um andere Menschen und deren Probleme kümmern als um ihre eigenen. Der Retter naht und gibt Zeit, Energie und viel guten Rat. Der Ratsuchende wendet einige «aber» ein, befolgt vielleicht einen Rat, aber auf seine Weise, und erfährt eine Bruchlandung. Er ist enttäuscht, wütend und macht dem Retter die größten Vorwürfe.

Dieser hat es doch «nur gutgemeint». Auch ist er enttäuscht, weil er statt Dank einen, vielleicht mentalen, Fußtritt erhält. Eric Berne, der die Transaktionsanalyse entwickelt hat, nannte das «das Retter-Opfer-Verfolger-Spiel». Solange das Verhalten des «Opfers» nicht durchschaut wird, werden sich immer wieder Retter finden, die mitspielen und hinterher sagen «Undank ist der Welt Lohn». Dabei ist Ratgeben eben eine heikle Angelegenheit, die schnell zu Vorwürfen und Konflikten führen kann.

Hüten wir uns, wie ein gewisser Pfadfinder zu handeln. Pfadfinder sollen jeden Tag eine gute Tat tun. Unser Pfadfinder stand in der Großstadt an einer Straße und grübelte, weil er die ganze vergangene Woche noch keine gute Tat getan hatte. Da erblickten seine Augen ein altes Mütterchen. Der Autoverkehr war rege, er sprang herbei, ergriff die alte Dame und schleppte sie über die Straße, die Autos mit einer abweisenden Handbewegung anhaltend. Er führte sie auch noch über die nächste

Straße. Dann wagte die arme Frau endlich den Mund aufzumachen. «Was tun Sie mit mir?» fragte sie.

«Ich dachte, Sie wollten über die Straße geführt werden», antwortete der Pfadfinder.

«Da irren Sie sich aber, ich will wieder dahin zurück, wo Sie mich mitgenommen haben», sagte das alte Frauchen. «Ich wohne dort.» So ergriff der Pfadfinder wieder den Arm der alten Dame und führte sie zurück. Hinterher überlegte er, daß er sie über vier Straßen sicher durch den Autoverkehr geführt hatte – das macht vier gute Taten. Er war mit sich zufrieden.

Ungebeten sollten wir uns weder in Angelegenheiten anderer einmischen, noch sollten wir Empfehlungen oder Ratschläge geben. Wir können keinesfalls die Verantwortung für die Folgen tragen. Jeder Mensch ist ja selbst herausgefordert, sich mit den Problemen, die er hat, auseinanderzusetzen und Entscheidungen zu treffen. Wir können den anderen bestenfalls fragen: «Kann ich etwas für dich tun?» Vielleicht hat der andere insgeheim die Hoffnung, von uns in irgendeiner Weise Hilfe zu bekommen, und traut sich nicht, uns zu bitten.

Bittet uns einer, so können wir überlegen, was wir am besten tun können. Manchmal ist es die größte Hilfe, nicht zu helfen. Wenn der andere es selbst machen kann, würden wir nur sein Selbstbewußtsein schwächen, wenn wir ihm die Sache abnähmen. Das ist ähnlich wie mit der Hilfe für die dritte Welt. Immer nur Lebensmittel zu den Armen zu bringen hilft auf die Dauer nicht. Die Menschen müssen lernen, selbst Getreide anzubauen. Hilfe zur Selbsthilfe ist die beste Hilfe.

Geben Sie einem armen Menschen Geld, so hat er ein oder mehrere Tage etwas zu essen oder trinken. Geben Sie ihm die Möglichkeit, etwas zu lernen, was es ihm ermöglicht, Geld zu verdienen, so hat er ein Leben lang etwas davon. Denken Sie daran, wenn Sie wieder einmal einen Bettler auf der Straße sehen. Er ist ein armer Mensch, nicht weil er nichts zu essen hat oder kein Geld besitzt, sondern weil er keine Energie aufbringt, sich aufzuraffen, um einer Tätigkeit nachzugehen. Viele Menschen sind innerlich in ihrem Stolz und in ihrer Würde verletzt. Das Leben auf der Straße hat sie geprägt.

Es gibt in Indien sehr viele Bettler; sie leben zum Teil in den Tempeln und Moscheen. Sie bekommen von den Verwaltern dieser Tempel einmal pro Tag eine Mahlzeit, die von den Spenden der Besucher finanziert wird. Hier in Europa kennen wir so etwas nicht. Dazu kommt, daß im Westen viele Menschen einem Bettler nicht gerne etwas geben, weil sie sagen: Das Geld setzt der sofort in Alkohol um. Das ist durchaus möglich, doch der Bettler fühlt sich dann viel besser.

Er kennt kein anderes Leben mehr und sucht, statt Haß und Groll gegen die Gesellschaft der Reichen zu pflegen, den Alkohol als Betäubungsmittel. Er zerstört sich selbst, anstatt als Rebell das Gesellschaftssystem anzugreifen. Der Bettler spielt seine Rolle in unserer Gesellschaft, die Rolle, unser Gewissen anzusprechen, unser Bewußtsein wachzuhalten. Er zeigt uns, daß es immer noch Ärmere, Kränkere, Leidendere gibt. Wir können auch in die Krankenhäuser gehen. Es gibt auch in westlichen Ländern sehr viel Leid und Elend.

Es kann uns das Herz brechen, wenn wir mit all diesen leidenden Menschen mitfühlen. Wenn wir das ganz echt und tief mitempfinden, werden wir nie wieder über einen Kratzer am Auto oder den Verlust eines Schmuckstücks klagen.

Bedenken wir jeden Tag in unserer Meditation das Leiden auf unserer Mutter Erde. Beten wir, daß Hilfe und Linderung kommen, wo es möglich ist.

Übung

Sitzen Sie ruhig, lassen Sie Ihr Bewußtsein hochsteigen, über sich hinaus, über das Haus, in dem Sie wohnen, höher und höher. Steigen Sie so hoch, bis Sie im All schweben. Sie sehen unseren wun-

derschönen blauen Planeten. Jetzt bitten Sie, daß Heilengel
erscheinen mögen, Engel, die so groß sind, daß sie die Erdkugel
wie einen Ball in ihrer Mitte schweben lassen.

Die Engel strecken ihre Hände aus und strahlen kosmische,
liebevolle Heilenergie auf den Planeten. Heilung geschieht dann
allen Menschen auf der Erde, allen Tieren, Pflanzen, der Natur,
dem Wasser, der Erde, der Luft. Seien Sie mit Ihrem Herzen dabei,
wenn die Engel die kosmische Heilung des Planeten vollziehen.

20
Echtsein heißt, die Wahrheit zu leben

Es gibt zwei Dinge: Wissen und Sein. Es ist leicht,
die Wahrheit zu wissen, aber es ist sehr schwer,
die Wahrheit zu sein. Der Zweck des Lebens
wird nicht dadurch erfüllt, daß man die Wahrheit weiß,
der Zweck des Lebens ist, die Wahrheit zu sein.

Hazrat Inayat Khan

Prüfen wir unsere innersten Gefühle, dann werden wir oft überrascht sein, daß sich ganz widersprüchliche Anteile in uns finden. Ein Mensch besteht in der Regel aus kleinen und großen intelligenten Anteilen. Die kleinen Anteile gehören zur Ego-Persönlichkeit, die großen zum höheren Selbst.

Scheint es Ihnen auch manchmal so, als ob in Ihrem Inneren Denken und Fühlen im Widerspruch ständen? Für einen großen Geist wird es immer wieder erstaunlich sein, wie problematisch es ist, Gefühle und Gedanken in Harmonie, also im Einklang, zu halten. Entweder geben die Gefühle Signale: «Ich will das unbedingt, weil es mir Wohlgefühl verschafft» oder «Nein, das mag ich überhaupt nicht, da fühle ich mich unwohl.»

Das Denken ist es, das unseren Gefühlen eine Wertung gibt. Ein einmal erlebtes unangenehmes Gefühl wird mit den damit aufgetretenen Ereignissen in Zusammenhang gebracht, und diese Ereignisse werden zukünftig möglichst gemieden. Ebenso ist es mit angenehmen Gefühlen. Diese suchen wir zu wiederholen, weil wir in unserer Gedankenwelt die Begriffe «angenehm, Habenwollen, Behaltenwollen» pflegen.

So jagen wir Dingen hinterher, die wir einmal hatten und die wir wiederhaben wollen. Mit der Erinnerung jagen wir der Zukunft hinterher und sind uns der Gegenwart überhaupt nicht bewußt. Wie schön ist es doch, in der Gegenwart zu sein! Jeder,

der das gelernt hat, entdeckt ein Gefühl geistiger Frische und Ursprünglichkeit. Er hat die Vergangenheit hinter sich gelassen, und indem er bewußt und echt im Jetzt lebt, bereitet er eine heilsame Zukunft vor.

Mit dem Denken allein verarmt ein Mensch, wenn er nicht auch seine Gefühle wahrnimmt und kultiviert. Prüfen wir einmal unsere Gefühle. Ein Meer von unterschiedlichsten Gefühlsregungen sind dem Menschen zu eigen. Viele sind ganz ursprünglich, manche dagegen anerzogen. Viele Menschen wurden von ihren Eltern mit Belohnungen und Strafen erzogen. Kennen Sie das Gefühl «Wenn du brav bist, hat dich Mami lieb, dann ist die Welt heil und in Ordnung»? Das prägt sich dermaßen tief in uns ein, daß wir fast ein ganzes Leben in der Illusion leben: Wenn ich lieb und brav bin, dann ist der andere (als Ersatz für Mami und Papi) zufrieden mit mir. Dann behandelt er mich gut und schätzt mich. Wissen Sie, daß so Ausbeutung entsteht?

Immer, wenn es zwischen Menschen Konflikte gibt, wird sich der Brave den Kopf zerbrechen, was er falsch gemacht hat. Er muß doch schuld sein an dem Problem, sein Inneres plagt ihn mit Schuldgefühlen. So setzt sich zum Beispiel ein Mensch in seiner Firma bis zum physischen und psychischen Zusammenbruch ein. Er macht so viele Überstunden, daß ihn völlige Erschöpfung an den Rand des Möglichen bringt, und er hofft, daß der Arbeitgeber seinen Einsatz entsprechend schätzt und belohnt. Leider ist die Hoffnung vergebens.

Oder in einer langjährigen Ehe geht der Mann mit einer Zwanzigjährigen fremd, und die Ehefrau gibt sich die Schuld, daß sie nicht mehr so schlank, jung und strahlend ist wie ein junges Mädchen. Sie macht sich Vorwürfe, daß sie ihm nicht das geben kann, was er braucht. Sie denkt aber nicht daran, daß sie in fast achtzehn Ehejahren von ihrem Mann sexuell nie befriedigt wurde.

Ein schlechtes Gewissen zu haben oder es sich zu machen ist in vielen Bevölkerungskreisen fast eine Art Volkssport. Warum ist das so? Der Mensch hat ein Gewissen, das aus einem intelligenten, höheren Anteil und einem anerzogenen besteht. Der anerzogene macht Vorschriften. Wir können ihn auch den internalisierten Eltern-Erzieher-Anteil nennen. «Wenn du das machst (leise bist, dein Essen aufißt, dich unauffällig verhältst), bist du gut und bekommst eine Belohnung.»

Als Erwachsene warten wir vergebens, daß bei Wohlverhalten jemand kommt, uns auf die Schulter klopft und lobt. Auf der anderen Seite haben wir bei diesem Verhalten auch weniger Angst vor dem «schwarzen Mann» oder dem Teufel, mit dem uns in der Kindheit bei Fehlverhalten gedroht wurde.

Jede Wahrheit kann im Anfang schmerzen. Wenn sich eine Illusion nach der anderen auflöst, so ist das oft, als ob man sich selber häutete. Man hatte sich die Illusionen wie eine Haut angezogen. Das Loslassen von unserer Naivität ist ein Zeichen des Erwachsenwerdens. Wir glauben nicht mehr, daß der große Guru kommen muß, um uns von allem Karma zu befreien. Wir glauben auch nicht mehr an den großen Lottogewinn, der uns von allen Sorgen und Nöten erlöst.

Wir glauben auch nicht mehr, daß unser noch so anständiges Tun von anderen Menschen geschätzt wird. Wir sind einfach anständig, weil es uns ein Bedürfnis ist. Doch wir tun es nicht, «um zu...». Ich bin nicht lieb zu meinem Partner, weil ich mir Vorteile erhoffe. Ich mache nicht übermäßig Überstunden und ruiniere meine Gesundheit, um vom Chef gelobt zu werden. Ich liebe und hege nicht meine Kinder, damit sie mir später dafür dankbar sind. In der Bhagavadgita, dem heiligen Buch der Hindus, steht: «Schau nicht auf die Früchte deiner Taten.»

Tue, was du tun mußt, was dir ein Bedürfnis ist zu tun. Tue es im Namen Gottes, wenn du willst, aber tue es nicht in Erwartung zukünftigen Lohnes. Wenn ich Kinder habe, ist es mein Bedürfnis, für ihr seelisches und leibliches Wohl zu sorgen, abgesehen davon, daß es auch meine Pflicht ist. Doch es macht mir Freude und erfüllt mich mit Dankbarkeit, wenn ich erlebe, daß die Kinder wachsen und gedeihen und zu gesunden, zufriedenen Menschen heranreifen.

Wenn man sich selbst vernachlässigt, egal auf welcher Ebene, so dankt es einem niemand. Doch Körper und Seele beginnen zu rebellieren, wenn sie überhaupt nicht mehr geschätzt und beachtet werden. Indem wir in liebevoller Art mit uns umgehen, ermöglicht uns das, auch mit anderen liebevoll zu sein.

Wir haben nicht nur Menschen um uns, sondern auch Tiere, Pflanzen, ja die ganze Natur. Sie empfinden es ganz besonders, wie wir mit ihnen umgehen. Eine liebevolle Ausstrahlung und Wohlwollen können wir nicht spielen; beides muß echt sein, damit es von anderen auch so empfunden wird. Haben wir Liebe im Herzen, können wir unserem Kind leichter auch einmal mit Strenge begegnen, wenn es nötig ist.

Einen Freund können wir eher auf ein Fehlverhalten aufmerksam machen, wenn er weiß, daß wir ihn sehr schätzen. Es ist eine andere Qualität der Begegnung, die dann geschieht. Wir sind echt in unserer Zuneigung und unserer Kritik. Wir sind im Jetzt und spekulieren nicht auf Vor- oder Nachteile, die unser Verhalten mit sich bringt. «Seien Sie echt», rät uns Mutter K.

Das Echte ist wahr. Der Urgrund des Wahren ist Gott, und Gott ist Liebe. Seien wir in der Liebe, bleiben wir in der Liebe, so bleiben wir in Gott, und Gott bleibt in uns.

> *Mache Gott zu einer Wirklichkeit,*
> *und Er wird dich zur Wahrheit machen.*
> Hazrat Inayat Khan

Über die Autorin

Für Informationen über Einzelberatungen und Kurse
wenden Sie sich bitte an die Autorin:

Christa Schneider
Praxis für psychologische Beratung
Kinesiologie ● Astrologie
Bachblüten-Therapie
Hypnotherapie
Oberseeburg 22   CH-6006 Luzern

Aus dem Kursangebot:

- Heilen des inneren Kindes
- Die spirituellen Aspekte der Bachblüten-Therapie
- Autogenes Training
- Meditation mit Kontemplation über Themen
aus den verschiedenen Weltreligionen

Kursanmeldung und Termine für Einzelsitzungen:
Tel. 041−3 70 46 79

Über den Maler

Gottfried Schneider, geboren 1941, lebt in Stockdorf bei München und ist als Leiter der Fotoabteilung in der Pinakothek München (Bayrische Staatsgemäldesammlung) tätig.

Seit seiner Jugend beschäftigt er sich mit Malerei und Kunst. Ab 1990 intensivierte Gottfried Schneider seine künstlerische Ausbildung u. a. bei Heita Copony und Stefan Britt.

Der Schwerpunkt seines gegenwärtigen Schaffens liegt im kryptischen Realismus. Er hatte in den letzten Jahren mit großem Erfolg verschiedene Einzel- und Gemeinschaftsausstellungen in München. Die Illustrationen zu diesem Buch und zu den vorhergehenden Büchern von Christa Schneider *Mit Bachblüten die Seele erblühen lassen* und *Unser inneres Kind heilen* bedeuteten eine neue Aufgabe für Gottfried Schneider, die er mit sensibler Meisterschaft erfüllt hat.

Gottfried Schneider
Gautingerstr. 16
D–82131 Stockdorf

Christa Schneider

UNSER INNERES KIND HEILEN

**Ein Weg zu den inneren Quellen der Kraft,
zu neuer Freude und Lebenslust
Mit vielen praktischen Übungen für die
Heil- und Versöhnungsarbeit**

172 Seiten, gebunden, mit 10 Illustrationen
ISBN 3-7157-0196-X

Während das Thema «Heilen des inneren Kindes» in der bisher verfügbaren Literatur vom psychologischen Standpunkt aus betrachtet wurde, zeigt uns hier die Autorin einen praktisch erfahrbaren, neuen Zugang zu den spirituellen Dimensionen in der Heil- und Aussöhnungsarbeit mit dem verletzten inneren Kind.

All die schmerzhaften Kindheitserinnerungen, die unser Verhalten bis heute geprägt haben, und die stets wiederkehrenden Schwierigkeiten, die ein Leben in Freude und Zufriedenheit verhindert haben, können jetzt wahrgenommen, erkannt, durchgelebt und verwandelt werden. Mit den in diesem Buch vermittelten Übungen werden wir fähig, alte Muster aufzugeben und unser Leben mit neuer Freude, Lebenslust und Weisheit zu gestalten.

Die erfahrene Autorin geleitet uns behutsam durch den beginnenden Heilungsprozeß. Sie läßt uns Schritt für Schritt neue Perspektiven und ein tiefes Verständnis der Situationen erarbeiten, die uns in der Kindheit verletzten und an denen wir bis heute zu leiden hatten. Mit Hilfe heilsamer Imaginationen finden wir zu den inneren Quellen der Kraft und spirituellen Weisheit, die uns ermöglichen, unserem inneren Kind mit Verständnis und Liebe zu begegnen und seine seelischen Wunden zu heilen. Aus diesem ehemals verletzten inneren Kind wird nun ein wahrhaft lieber Freund und vertrauter Berater.

Für alle Menschen, welche die alten hemmenden Hindernisse im Inneren endlich wegräumen möchten und auf dem spirituellen Weg weiterkommen wollen, bietet dieses Buch neue Impulse und wertvolle Hilfestellung. Die Leserin und der Leser werden bald mit großer Freude und Dankbarkeit erkennen, wie sie ihr inneres Kind immer tiefer in ungeahnte spirituelle Dimensionen des Lebens begleiten wird.

John A. Sanford

UNSERE UNSICHTBAREN PARTNER

**Von den verborgenen Quellen des Verliebtseins
und der wahren Liebe
Wege zu einer glücklichen und dauerhaften Partnerschaft**

208 Seiten, broschiert
ISBN 3-7157-0085-8

In diesem Buch gibt der Autor seine oft erstaunlichen und verblüffenden Erkenntnisse über die Geheimnisse des Verliebtseins und der wahren Liebe preis.

Nach C. G. Jung sind Anima und Animus jene unsichtbaren Partner, jene übermächtigen und beflügelnden Kräfte in uns, die es zu entdecken gilt. Sie sind es, welche die Frage beantworten können, warum wir welche Partner gewählt haben. Sie sind die oft schmerzlich fehlenden Hälften in uns, von denen wir in überschwenglicher Verliebtheit beglückt und beseelt werden. Sie sind die anziehenden magnetischen Pole, die beide Geschlechter einander näherbringen. Sie sind es aber auch, die im Stadium der Verliebtheit von uns unbewußt auf den geliebten Menschen projiziert werden. Wird jedoch das Verliebtsein einer gesunden Dosis Alltagsrealität ausgesetzt, in der es sich bewähren müßte, bricht die Phantasiewelt der Projektion zusammen.

Wie wir in dieser schwierigen Phase zu einer wahren und dauerhaften Liebesbeziehung finden können, in der wir den geliebten Menschen als den erkennen und annehmen können, der er ist, zeigt der Autor mit vielen praktischen Hinweisen. Erst wenn wir wahre innere Zuneigung und helfende Fürsorge entwickelt haben und somit beziehungsfähig geworden sind, zeigen sich Anima und Animus von ihrer hilfreichen Seite und werden zu unseren wahren Partnern und Verbündeten.

John A. Sanford führt anhand zahlreicher Beispiele aus der täglichen Praxis zu einem neuen Verständnis von Sexualität und Liebe. Seine allgemein verständlichen Erklärungen psychologischer Fakten und seine wertvollen Hinweise für den Umgang mit unseren unsichtbaren Partnern machen dieses Buch zu einem hilfreichen Ratgeber bei Liebes- und Partnerschaftsproblemen.